Maike Gerdtz · Auch *wir* dürfen NEIN sagen!

Maike Gerdtz

Auch *wir* dürfen NEIN sagen!

Sexueller Missbrauch von Kindern mit einer geistigen Behinderung

Eine Handreichung zur Prävention

Mit einem Vorwort
von Prof. Dr. Joachim Walter

»Edition S«

Bibliografische Information Der Deutschen Bibliothek
Die Deutsche Bibliothek verzeichnet diese Publikation in der Deutschen
Nationalbibliografie; detaillierte bibliografische Daten sind im Internet über
http://dnb.ddb.de abrufbar.

ISBN 3-8253-8311-3

© 2003. Universitätsverlag Winter Heidelberg GmbH – »Edition S«
Imprimé en Allemagne · Printed in Germany
Umschlagdesign: Drißner-Design und DTP, Meßstetten
Druck: Memminger MedienCentrum AG, 87700 Memmingen

Gedruckt auf umweltfreundlichem, chlorfrei gebleichtem und
alterungsbeständigem Papier.

Den Verlag erreichen Sie im Internet unter:
www.winter-verlag-hd.de

Inhaltsverzeichnis

6

Vorwort

Es ist mittlerweile auch in Deutschland längst kein Tabu mehr, sich mit der Tatsache des sexuellen Missbrauchs auseinander zu setzen und vor der Realität nicht die Augen zu verschließen, dass Übergriffe überall stattfinden können. Seit Anfang der 90er Jahre wurden auch Übergriffe gegen die sexuelle Selbstbestimmung von Menschen mit einer geistigen Behinderung thematisiert. Allerdings sind ErzieherInnen und Fachleute aus der Behindertenarbeit weitgehend überfordert, adäquat mit sexuellem Missbrauch umzugehen.

So hat Maike Gerdtz während eines Praktikums bei WENDEPUNKT E.V. FREIBURG, einer Beratungsstelle gegen sexuellen Missbrauch an Mädchen und Jungen, erneut festgestellt, dass sexueller Missbrauch an Menschen mit geistiger Behinderung in deutschsprachigen Veröffentlichungen noch immer wenig Beachtung findet und aufgrund diverser Vorurteile nicht als Realität angenommen wird.

Um die Problematik des sexuellen Missbrauchs an geistig behinderten Menschen stärker ins Bewusstsein der (Fach-)Öffentlichkeit zu rücken und damit auch präventiv arbeiten zu können, entstand die vorliegende Arbeit im Rahmen eines Präventionsprojektes mit zwei Sonderschulen für geistig behinderte Kinder. Das Buch ist als Handreichung verfasst und soll dazu beitragen, mit geistig behinderten Kindern präventiv das Thema ‚sexuellen Missbrauch' aufzugreifen. Die Verfasserin wendet sich an alle Menschen, die mit geistig behinderten Kindern zusammenleben und / oder arbeiten. Insofern bietet die Handreichung Unterstützung für all diejenigen, die sich für den Schutz der behinderten Kinder einsetzen.

Die Verfasserin bietet zunächst einen allgemeinen Überblick über die Situation eines Missbrauchsopfers und stellt die daraus folgenden Handlungsstrategien dar. Vor diesem Hintergrund wird die besondere Situation des sexuellen Missbrauchs an geistig behinderten Menschen erörtert. In einem weiteren Kapitel wird juristisches Grundwissen als Überblick über die momentan geltende Rechtslage knapp und hilfreich aufbereitet.

Der Hauptteil der vorliegenden Handreichung ist der Prävention gewidmet. Nach einem theoretischen Überblick über die Grundsätze der Präventionsarbeit stellt die Verfasserin ihr Konzept einer Unterrichtsreihe an einer Sonderschule für geistig behinderte Menschen vor. Insbesondere die Förderung der Selbständigkeit und Selbstbestimmung steht im Mittelpunkt. Die Effektivität der Präventionsarbeit kann jedoch nicht ohne Berücksichtigung des Umfeldes des geistig behinderten Kindes geleistet werden. Hierzu stellt die Verfasserin einige Zusammenhänge heraus.

Die nun vorliegende Handreichung zur Prävention sexueller Übergriffe bei Menschen mit einer geistigen Behinderung wurde ursprünglich als Diplomarbeit an der Evang. Fachhochschule Freiburg - Hochschule für Soziale Arbeit - vorgelegt. Maike Gerdtz hat sie zu einer Handreichung für die Praxis überarbeitet, um mit konkreten Hinweisen – wie und wo angesetzt werden muss – einen weiteren Schritt zur Enttabuisierung von sexuellem Missbrauch an Mädchen und Jungen mit geistiger Behinderung beizutragen.

Freiburg/Kehl-Kork
im Januar 2003   Prof. Dr. Joachim Walter

1 Sexueller Missbrauch von Mädchen und Jungen

Präventionsideen können nur entwickelt werden, wenn man weiß, vor was geschützt werden soll. In diesem Kapitel wird darauf eingegangen, was unter sexuellem Missbrauch verstanden wird, welche Auswirkungen dieser auf die Opfer hat und wie sich TäterInnen verhalten. Vor dem Hintergrund dieses Wissens soll die Situation des Missbrauchsopfers verständlich gemacht werden und Handlungsstrategien dargelegt werden. Auch das häufig diskutierte Thema „Missbrauch mit dem Missbrauch" nimmt in diesem Kapitel Raum ein.

1.1 Definitionskriterien

Sexueller Missbrauch hat viele Facetten. Mit den folgenden Kriterien soll versucht werden, eine Definition zu erarbeiten.

Im Zusammenhang mit sexueller Gewalt tauchen unterschiedliche Termini wie *sexueller Missbrauch, sexuelle Ausbeutung, sexuelle Übergriffe* und eben *sexuelle Gewalt* auf. Diese werden meist synonym verwendet, obwohl sie unterschiedliche Schwerpunkte setzen. Beim Begriff *Missbrauch* wird das Opfer zum Objekt, *Ausbeutung* hingegen hebt die Macht- und Gewaltverhältnisse hervor und beim Terminus *sexuelle Übergriffe* werden Grenzüberschreitungen akzentuiert. Der Begriff *Gewalt* weist darauf hin, dass es sich um einen Machtmissbrauch von einem Stärkeren gegenüber einem Schwächeren handelt (vgl. HEINZ-GRIMM 1999; vgl. WIPPLINGER & AMANN 1997).

In dieser Arbeit wird der Begriff des *sexuellen Missbrauchs* verwendet, obwohl KritikerInnen anmerken, dass man diesen mit *sexuellem 'Gebrauch'* in Zusammenhang bringen kann. *Sexueller Missbrauch* bezieht sich nach dem Gesetz auf die sexuelle Gewalt gegen Kinder oder widerstandsunfähige Menschen und darauf soll im Folgenden ein Schwerpunkt gelegt werden.

Definitionen sexuellen Missbrauchs fallen in der Fachliteratur sehr unterschiedlich aus, je nach dem aus welcher Perspektive eine Missbrauchssituation beschrieben wird. Es gibt enge und weite Definitionen sowie verschiedene Klassen von Definitionen, wie gesellschaftliche, feministische, entwicklungspsychologische und klinische (vgl. WIPPLINGER & AMANN 1997, 20ff.). Es herrscht keineswegs Konsens darüber, wann sexueller Missbrauch beginnt, wie die Auswirkungen sind und was präventiv getan werden kann. Wünschenswert ist eine einheitliche Definition, da diese für eine interdisziplinäre Zusammenarbeit zum Schutz der Kinder von großer Bedeutung ist.

Nachfolgend wird auf verschiedene Kriterien eingegangen, die bei der Tat des sexuellen Missbrauchs eine Rolle spielen.

Einig sind sich die AutorInnen verschiedener Publikationen zu sexuellem Missbrauch darüber, dass es keine einvernehmliche sexuelle Beziehung zwischen Kindern und Erwachsenen geben kann. Durchgängig wird auch das Kriterium *gegen den Willen des Kindes* benannt und die Tatsache, dass es um *psychische und physische Gewalt* und *Macht* geht. Kinder sind immer abhängig von Erwachsenen, von deren Liebe und sozialer Fürsorge. Diese strukturell bedingten Machtverhältnisse spielen bei der Missbrauchstat eine bedeutende Rolle. **Sexueller Missbrauch ist keine besondere Form von Sexualität sondern immer eine Form von Gewalt gegen Kinder!**

Auch wenn ein Kind sich nicht aktiv wehrt, wird von sexuellem Missbrauch gesprochen. Kinder sind aufgrund ihrer kognitiven Unterlegenheit dem/der TäterIn gegenüber nicht in der Lage, einer solchen Handlung frei zuzustimmen. Es muss also nicht notwendigerweise Gewalt angewandt worden sein.

Ein weiteres Kriterium für sexuellen Missbrauch ist die Absicht, die dahinter steht. Sexueller Missbrauch geschieht nicht aus Versehen und nicht zufällig.

Da kein Täter und keine Täterin „erwischt" werden möchte, wird das Opfer einem großen Geheimhaltungsdruck ausgesetzt. Dabei können auch Drohungen hinzu kommen.

Nachfolgend werden drei Definitionen wiedergegeben, die jede auf ihre Weise die Tat des sexuellen Missbrauchs zutreffend beschreiben und die soeben benannten Kriterien beinhalten. Diese werden der vorliegenden Veröffentlichung zugrunde gelegt und im nachfolgenden Unterkapitel konkretisiert.

> Sexueller Mißbrauch an Kindern ist jede sexuelle Handlung, die an oder vor einem Kind entweder gegen den Willen des Kindes vorgenommen wird oder das Kind aufgrund körperlicher, psychischer, kognitiver oder sprachlicher Unterlegenheit nicht wissentlich zustimmen kann. Der Täter nutzt seine Macht- und Autoritätsposition aus, um seine eigenen Bedürfnisse auf Kosten des Kindes zu befriedigen (BANGE 1992, 57).

> Sexueller Missbrauch an Kindern und Jugendlichen durch Erwachsene oder ältere Jugendliche ist eine sexuelle Handlung des Erwachsenen mit einem Kind, das aufgrund seiner emotionalen und intellektuellen Entwicklung nicht in der Lage ist, informiert und frei zu entscheiden, ob es dieser sexuellen Handlung zustimmen will. Dabei nützt der Erwachsene die ungleichen Machtverhältnisse zwischen Erwachsenen und Kindern/Jugendlichen aus, um das Kind zur Kooperation zu überreden oder zu zwingen. Zentral ist dabei die Verpflichtung zur Geheimhaltung, die das Kind zu Sprachlosigkeit, Wehrlosigkeit und Hilflosigkeit verurteilt (MINISTERIUM FÜR KULTUS, JUGEND UND SPORT BADEN-WÜRTTEMBERG 1999, 7).

Wenn Erwachsene oder ältere Jugendliche ein Mädchen oder einen Jungen benutzen, um ihre eigenen Bedürfnisse nach Macht, Zuwendung und Nähe in Form
von sexuellen Handlungen zu befriedigen, sprechen wir von sexuellem Missbrauch. Missbrauchshandlungen an Mädchen und Jungen reichen von aufge-
zwungenen Küssen, Streicheln, Berühren von Genitalien bis hin zu Anal-, Oral-
und Vaginalverkehr. Weitere Formen sind Kinderprostitution und Kinderpornografie. Sexueller Missbrauch ist nach unserer Erfahrung in der Regel eine Wie-
derholungstat und erstreckt sich oft über Monate und Jahre (WENDEPUNKT E.V.)

Demnach tauchen in allgemeinen Definitionen keine Altersangaben auf, da
das Machtgefälle im Vordergrund steht und nicht das Alter von TäterIn und
Opfer. In vielen Studien werden sexuelle Missbrauchserlebnisse nur in den
ersten 16 Lebensjahren berücksichtigt und damit wird sexueller Missbrauch
von Kindern auch definitorisch von Gewalt gegen Frauen abgegrenzt (z.B.
BANGE/DEEGENER 1996; BROCKHAUS/KOLSHORN 1993). „Eine solche Ab-
grenzung scheint zunächst logisch, ist jedoch nicht unproblematisch, denn
eine 15-jährige Jugendliche kann weiter entwickelt sein als manche 17-
jährige, während einige 18-jährige durchaus noch sehr kindlich sein mö-
gen" (BANGE 2001, 23). Es geht also vielmehr darum, dass zwischen
TäterIn und Opfer ein Unterschied in der Reife vorhanden sein muss.

Betrachtet man sexuellen Missbrauch aus strafrechtlicher Sicht, so muss
festgestellt werden, dass in den relevanten §§ 174 bis 184c des Strafgesetz-
buchs (StGB) der Begriff des „sexuellen Missbrauchs" nicht ausdrücklich
definiert wird (vgl. Kapitel 4.2.1).

Im nachfolgenden Kapitel werden zur Verdeutlichung noch konkrete Formen sexuellen Missbrauchs dargestellt.

1.2 Formen sexuellen Missbrauchs

Nachdem die Tat des sexuellen Missbrauchs definiert wurde, stellt sich die
Frage, wann eine sexuelle Handlung beginnt. Ist ein Klapps auf den Po
denn schon Missbrauch? Oder ein obszöner Blick, den ein Vater seiner jugendlichen Tochter zuwirft? Darüber kann kontrovers diskutiert werden.

Laut ENDERS (2001) fängt „sexuelle Gewalt gegen Mädchen und Jungen
(..) bei heimlichen, vorsichtigen Berührungen, verletzenden Redensarten
und Blicken an und reicht bis hin zu oralen, vaginalen oder analen Verge-
waltigungen und sexuellen Foltertechniken" (ENDERS 2001, 29).

Auch BANGE (1992) unterscheidet nach der Intensität des sexuellen Missbrauchs. Das Spektrum reicht laut seiner Definition von Missbrauch ohne
Körperkontakt bis hin zu sehr intensivem Kontakt. Angefangen bei Exhibitionismus oder dem Zwang, Pornovideos anzuschauen über sexualisierte
Berührungen und Küsse bis zur Masturbation des Opfers vor dem Täter
oder des Täters vor dem Opfer wird alles als sexueller Missbrauch bewer-
tet. BANGE beschreibt die versuchte oder vollendete vaginale, anale oder
orale Vergewaltigung als die intensivste Form des sexuellen Missbrauchs

(vgl. ebd. 1992, S. 102ff.; s.a. BALZER 1998, S.36ff.). Auch Kinderpornografie ist v.a. durch die zunehmende Globalisierung und das Internet weit verbreitet. Dieses Phänomen darf nicht aus dem Blickfeld geraten.

Weiterhin kann noch zwischen diversen Deliktvarianten unterschieden werden: sexueller Missbrauch kann inner-familiär als Inzest oder außerfamiliär stattfinden. Zudem geschehen die Übergriffe sowohl gegengeschlechtlich, als auch gleichgeschlechtlich. Der Bereich des sexuellen Missbrauchs durch FremdtäterInnen ist dabei verschwindend gering im Vergleich zu TäterInnen aus dem Nahbereich des Opfers. Es werden dennoch immer wieder Einzelfälle in den Medien geschildert. Auch bei außerfamiliärem Missbrauch ist dem Opfer der Täter oder die Täterin meistens bekannt.

Sicherlich gibt es noch weitere Formen sexuellen Missbrauchs, die aber bisher in keiner Veröffentlichung aufgetaucht sind.

1.3 Die Prävalenzrate von sexuellem Missbrauch

Es ist derzeit nahezu unmöglich, eine fundierte Angabe über das Ausmaß von sexuellem Missbrauch zu machen, denn die Dunkelziffer ist u.a. aufgrund des Geheimhaltungsdrucks, der durch den/die TäterIn ausgeübt wird, immens. Und selbst wenn es mittlerweile Zahlen der Kriminalstatistik gibt, sind diese nicht repräsentativ, denn es kann davon ausgegangen werden, dass fremde Täter wesentlich häufiger angezeigt werden als Bekannte oder Familienmitglieder (vgl. BALZER 1998, 43; vgl. BANGE 1992, 28).

Bis Anfang der 1990er Jahre gab es in Deutschland keine größere repräsentative Untersuchung über die Häufigkeit und die Hintergründe von sexuellem Missbrauch. Mittlerweile liegen einige kleinere Studien vor, die jedoch nicht einheitlich in der Untersuchungsmethode und somit auch nicht im Ergebnis sind. Nachfolgend werden zunächst die Ergebnisse der polizeilichen Kriminalstatistik (PKS), der ausländischen Studien und schließlich das Resultat einer deutschen Studie dargestellt.

Den größten Einfluss auf die Prävalenzrate hat die Definition der zugrunde liegenden Untersuchung. Enge Definitionen beschreiben sexuellen Missbrauch vorwiegend als körperlichen Kontakt zwischen TäterIn und Opfer, wie oralen, analen und genitalen Geschlechtsverkehr. Dies führt zu niedrigeren Fallzahlen. Weite Definitionen dagegen schließen zusätzlich Nicht-Kontakthandlungen, wie obszönes Anreden, Belästigung, Exhibitionismus, Anleitung zur Prostitution und Herstellung von pornografischen Materialien mit ein und führen zu hohen Prävalenzraten (vgl. AMANN & WIPPLINGER 1998, 23). Einige Forscher (z.B. BANGE 1992) verwenden Definitionen, welche auch sexuellen Missbrauch durch Gleichaltrige beinhalten, wohingegen andere von einem bestimmten Altersunterschied zwischen TäterIn und Opfer ausgehen. Das Ausmaß kann ferner je nach Befragungsmethode und Stichprobenauswahl erheblich variieren.

Die **polizeiliche Kriminalstatistik** hat im Jahre 2000 15581 Fälle von sexuellem Missbrauch an Kindern nach §§ 176, 176a und 176b StGB erfasst. Das waren 2 % mehr als im Jahre 1999. Die Aufklärungsrate lag in beiden Jahren bei ca. 75 % (vgl. BUNDESKRIMINALAMT 2000). Es gab 9038 Tatverdächtige, von denen 96,8 % männlich und 3,2 % weiblich waren. 74,4 % der TäterInnen waren laut Gesetz Erwachsene (21 und älter). Die Zahl der Opfer lag im Jahre 2000 nach der polizeilichen Kriminalstatistik bei 19719, wovon 23,7 % männlich und 76,3 % weiblich waren. Laut dieser Statistik gibt es also bei ca. 12,8 Millionen in Deutschland lebenden Kindern (bis 14 Jahre) eine Prävalenzrate von 0,2 % bei sexuellem Missbrauch nach §§ 176, 176a, 176b StGB. Diese Zahl scheint mit einer sehr großen Dunkelziffer verbunden zu sein, denn nachfolgend dargestellte Studien haben andere Ergebnisse.

Betrachtet man **ausländische Studien**, so führen diese laut BANGE „zu dem Schluß, dass etwa jedes dritte bis fünfte Mädchen und jeder siebte bis zwölfte Junge sexuell missbraucht wird" (BANGE 1992, 32). Danach werden betroffene Mädchen zu einem Viertel von TäterInnen aus der Familie missbraucht, zu 20 bis 25 % von Bekannten und nur zu 20 % von fremden TäterInnen. Jungen werden häufiger Opfer von TäterInnen aus dem außerfamiliären Nahraum oder von FremdtäterInnen (vgl. ebd. 1992).

BANGE hat 1992 für Deutschland eine quantitative Untersuchung in Form eines Fragebogens mit StudentInnen durchgeführt. Er legte seiner Untersuchung folgende Definition sexuellen Missbrauchs zugrunde:

> Sexueller Mißbrauch an Kindern ist jede sexuelle Handlung, die an oder vor einem Kind entweder gegen den Willen des Kindes vorgenommen wird oder der das Kind aufgrund körperlicher, psychischer, kognitiver oder sprachlicher Unterlegenheit nicht wissentlich zustimmen kann. Der Täter nutzt seine Macht- und Autoritätsposition aus, um seine eigenen Bedürfnisse auf Kosten des Kindes zu befriedigen (BANGE 1992, 57).

Dabei ist er zu dem Ergebnis gekommen, dass in Deutschland etwa 25 % der Mädchen und 8 % der Jungen unter 16 Jahren sexuell missbraucht werden. Laut seiner Studie wurden 28 % der sexuell missbrauchten Mädchen mehr als einmal Opfer.

BANGE bemängelt schließlich noch, dass Kinderprostitution beim Ausmaß von sexuellem Missbrauch bisher nicht mitgerechnet wurde, obwohl es in den alten Bundesländern etwa 5000 Kinder und Jugendliche gibt, die sich prostituieren.

Auch die Statistik von WENDEPUNKT E.V. stützt die Ergebnisse von BANGES Untersuchung. So waren im Jahr 2000 von 148 Betroffenen 110 weiblich
(~ 74 %) und 38 männlich (~ 26 %) (vgl. Jahresbericht 2000 von WENDEPUNKT E.V.). Seit es in der Beratungsstelle einen männlichen Mitarbeiter gibt, steigt die Zahl der männlichen Betroffenen, die eine Beratung wünschen, stetig an.

Den genauen Prävalenzraten sollte jedoch nicht zuviel Bedeutung beigemessen werden, da es viel entscheidender ist, die Ursachen und Interventionsmöglichkeiten zu erforschen.

1.3.1 Die Opfer

Das Geschlecht der Opfer spielt nach neuesten Erkenntnissen nach wie vor eine Rolle. Mädchen, besonders angepasste, sind eher gefährdet als Jungen. Jedoch werden auch Jungen missbraucht.

Laut Untersuchungen handelt es sich bei den Opfern um ca. 25-30 % Jungen und 70-75 % Mädchen (vgl. BALZER 1998, 47). **Es kann auch hier von einer noch größeren Zahl bei Jungen ausgegangen werden, da diese sich noch mehr schämen und die Missbrauchstat erst Recht nicht weiter erzählen.**

Mädchen und Jungen können in jedem Alter Opfer eines sexuellen Missbrauchs werden, also vom Säuglingsalter bis in die Pubertät hinein (vgl. BANGE 1992, 33). Das Durchschnittsalter liegt laut Studien zwischen zehn und elf Jahren. 90 % der betroffenen Mädchen machen die Missbrauchserfahrungen zwischen dem 6. und dem 14. Lebensjahr (vgl. BRILL 1998, 50).

Wenn die Tat von einem Fremden begangen wurde, dauert es meist nur eine kurze Zeit, bis außer dem Kind und dem/der TäterIn eine weitere Person über den Vorfall informiert wird. **Opfer brauchen aber im Durchschnitt sieben Anläufe, bis sie jemanden finden, der ihnen hilft** (vgl. BANGE & DEEGENER 1996, 143)!

1.3.2 Die TäterInnen

Wissen über die TäterInnen erweitert die Handlungsspielräume und bietet mehr präventive Möglichkeiten. „Ein Viertel der Täter ist mit dem Opfer verwandt, also Großvater, Onkel, [Tanten,] Cousins, Brüder, (Stief-)Väter. 50 % der Täter gehören zum sozialen Umfeld der Kinder, sind also Freunde, Bekannte der Eltern, Nachbar[Inne]n, Babysitter, Lehrer[Innen], Erzieher[Innen], Klavier- und Reitlehrer[Innen], Pfarrer, Jugendgruppenleiter[Innen] usw." (STROHHALM E.V. 2001, 14). Damit wird wiederholt deutlich, dass nur ein kleiner Teil der TäterInnen dem Opfer fremd sind. Bei WENDEPUNKT E.V. wird sogar davon ausgegangen, dass nur 10 % FremdtäterInnen sind.

Der Anteil der Täterinnen schwankt zwischen 10 und 25 % in unterschiedlichen Studien (vgl. BALZER 1998, 57). Es gibt auch Frauen, die Kinder missbrauchen, ihr Anteil scheint jedoch wesentlich geringer zu sein als der von männlichen Tätern.

Das Alter der TäterInnen liegt durchschnittlich unter 40 Jahren und es sind nicht, wie allgemein angenommen 'dirty old men' (vgl. BANGE & DEEGENER 1996, 144). Die Polizeiliche Kriminalstatistik des Bundeskriminalamtes aus dem Jahre 2000 zeigt, dass 25,6 % der TäterInnen sogar jünger als 21 waren.

Nach den Erfahrungen von WENDEPUNKT E.V. stammen die TäterInnen aus allen sozialen Schichten und sexueller Missbrauch findet auch in „gutem Hause" statt, wo es sich zunächst niemand vorstellen kann.

1.4 Begünstigende Faktoren für sexuellen Missbrauch

An dieser Stelle sollen die Ursachen vorgestellt werden, die den Täter zu seiner Handlung motivieren und Handlungsmöglichkeiten von potentiellen Opfern minimieren. Laut BROCKHAUS & KOLSHORN (1997) gibt es unterschiedliche Ansätze in der Ursachenforschung – den traditionellen und den feministischen Ansatz. Anhand nachfolgenden Modells des Eisbergs lässt sich verdeutlichen, dass es viele gesellschaftliche Bedingungen für die Missbrauchstat eines Einzelnen gibt.

Begünstigungsfaktoren auf sexuellen Missbrauch
(in Anlehnung an: STROHHALM E.V. 2001, 23)

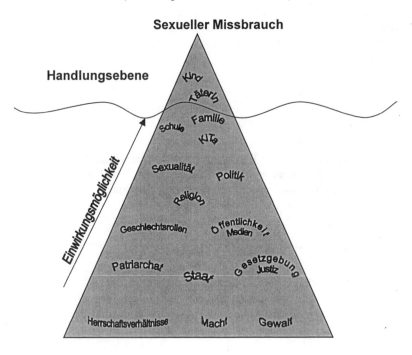

Die meisten Erklärungen und Ursachen befinden sich unter der Wasseroberfläche, also im Verborgenen. Aber durch sie wird erst das Verständnis möglich, dass sexueller Missbrauch ein typisches, häufig vorkommendes, strukturelles Phänomen ist.

18

Einige begünstigende Faktoren sollen im Folgenden beispielhaft skizziert werden.

Danach sind sehr angepasste Kinder aus **patriarchalischen Familienverhältnissen** besonders gefährdet, weil sie gelernt haben, Erwachsenen fraglos zu gehorchen. Oftmals besteht die innerfamiliäre Atmosphäre, die schließlich einen Kindesmissbrauch ermöglicht, schon lange vor der eigentlichen Tat.

Da sexueller Missbrauch in den überwiegenden Fällen im Verwandten- oder Bekanntenkreis geschieht, kennt das Opfer den/die TäterIn und hat in der Regel auch eine gute Beziehung zu ihm/ihr. TäterInnen können **großen Einfluss** nehmen auf das Kind, da es ihnen gleichzeitig auch vertraut. Sie haben dadurch die **Macht** über das Kind.

Die **soziale Isolation der Institution Familie** bedeutet eine mangelnde Kontrolle durch Außenstehende wie Verwandte, Freunde oder Nachbarn. Dies erleichtert es dem Täter bzw. der Täterin, nicht bei seinem bzw. ihrem Übergriff überführt zu werden (vgl. BANGE 1993, 8f.).

Dadurch, dass Kinder in der Werbung erotisierend dargestellt werden und Kinderpornografie weltweit über das Internet Verbreitung findet, wird sexueller Missbrauch vom Makel des Verbotenen befreit. Männern wird sogar eher das Bild vermittelt, sie hätten nicht nur das Recht, sondern auch die Pflicht, zum **Beweis ihrer Männlichkeit** sexuell aggressive Verhaltensweisen an den Tag zu legen (vgl. ebd., 10f.).

Traditionelle Geschlechtsrollen begünstigen sexuellen Missbrauch durch Männer an Kindern, weil die Tat damit entschuldigt wird, dass der Mann dem Kind eben zeigen muss, „wo es lang geht". Er möchte das Kind „praktisch" aufklären. Nach wie vor gilt Dominanz und Aggression als männlich und Frauen fügen sich trotz Emanzipation dieser Macht und ordnen sich ihr unter.

Wenn der Täter oder die Täterin ein **hohes soziales Ansehen** genießt, wird dem Opfer weniger geglaubt werden. „In der Dynamik sexueller Gewalt ist es bedeutsam, welche Ressourcen Täter, Opfer und soziales Umfeld nutzen (könnten)" (BROCKHAUS & KOLSHORN 1997, 100).

Oftmals wird ein sexueller Missbrauch auch als ein **religiöses Ritual** getarnt. So wurden u.a. schon Kinder bei der Beichte missbraucht.

Die „**Kampagne ‚Missbrauch mit dem Missbrauch'**" in der Öffentlichkeit und in den Medien hat Vertrauenspersonen verunsichert und damit dem Kinderschutz geschadet. Fachkräfte haben inzwischen oft zuviel Angst vor einer Verleumdungsklage, sodass sie nicht eingreifen, wenn sie sexuellen Missbrauch vermuten.

Auch wenn demnach viele Faktoren sexuellen Missbrauch begünstigen, soll dem Täter oder der Täterin damit nicht die Verantwortung genommen werden. Erst durch seine bzw. ihre Entscheidung geschieht der Missbrauch. **Die Verantwortung liegt immer bei dem/der Erwachsenen und es gibt keine Entschuldigung für die Missbrauchstat.** Demnach müssen auch Entschuldigungen, wie „die hat mich doch angemacht" als Entschuldigung vernichtet werden, denn der erwachsene Mensch muss die Verantwortung tragen. Kinder sind z.b. auch von Natur aus neugierig und fassen sicherlich auch mal liebend gerne den Penis eines erwachsenen Mannes an. Der/die Erwachsene muss sich seiner/ihrer Rolle als reifere Person bewusst sein und darf eine solche Situation niemals ausnutzen!

1.5 Die Folgen sexuellen Missbrauchs

Es gibt eine ganze Reihe von verschiedenartigen Reaktionsweisen auf sexuellen Missbrauch und somit auch unterschiedliche Symptome, die in der Literatur weitgehend einheitlich beschrieben werden. Diese Folgen treten unterschiedlich miteinander kombiniert auf und hängen von verschiedenen Faktoren ab, wie z.B. Alter, entwicklungsspezifische Verarbeitungsmöglichkeiten usw. Nachfolgend sollen die zentralen Bereiche stichwortartig skizziert werden:

Körperliche Verletzungen:
Innere und äußere Verletzungen im Genitalbereich; Bisswunden in erogenen Zonen; Blutergüsse; usw.

Psychosomatische Folgen:
Essstörungen; Schlafstörungen; Bauch- und Unterleibsschmerzen; Sprachstörungen; Hauterkrankungen; Infektionen im Mundbereich; Kopfschmerzen/ Migräne; Bettnässen; Atemprobleme; usw.

Psychische Folgen:
Zwanghaftes Verhalten; Isolation; Dissoziation; Depressionen; Distanzlosigkeit; Kontakt- und Beziehungsschwierigkeiten; negatives Körpergefühl; Entwicklungsrückstände; Konzentrationsstörungen; Leistungsabfall oder extreme Leistungsmotivation; Aggressivität gegen Gegenstände, andere Menschen oder sich selbst; multiple Persönlichkeiten; sexualisiertes Verhalten; Prostitution; Negation sexueller Bedürfnisse; Drogen- und Alkoholabhängigkeit; Suizidversuche; usw.

(vgl. ENDERS 2001, 163ff.; vgl. BANGE 1992; vgl. STROHHALM E.V. 2001, 19f.)

Man muss sich dabei immer im klaren sein, dass die benannten Merkmale Folge eines sexuellen Missbrauchs sein können, jedoch auch andere Ursachen haben können. Die Heterogenität der Erlebnisse darf nicht vernachlässigt werden. Man kann nicht einfach den Missbrauch und die daraus resultierenden Veränderungen in Verhalten und Gefühlsleben modellhaft in eine direkte Beziehung zueinander setzen. Auch andere Faktoren, wie zusätzliche Vernachlässigung, Gefühlskälte oder körperliche Gewalt werden letztlich beträchtliche Folgen für die psychische Verfassung des Kindes haben.

1.6 Erkennen von und Handeln bei sexuellem Missbrauch

1.6.1 Voraussetzungen

Um angemessen reagieren zu können, wenn man mit sexuellem Missbrauch konfrontiert wird, muss man sich zunächst mit der eigenen Sexualität auseinander setzen. Hilfreich ist es, sich Situationen in Erinnerung zu rufen, in denen man selbst Gewalt ausgesetzt war, damit man sich besser in die Lage des Opfers versetzen kann. Es muss Klarheit herrschen über den eigenen Umgang mit Macht und Gewalt. Wer eigene Kinder hat sollte sich überlegen, wo deren Grenzen sind und in welchen Situationen sie schon überschritten wurden. Die Vorstellung, dass jedes Kind Opfer werden kann, muss möglich sein.

Aber woran erkennt man sexuellen Missbrauch?

Nachfolgend werden die denkbaren Signale dargestellt und im Anschluss daran einige Interventionsschritte erläutert.

1.6.2 Signale der Opfer

Es gibt kein ‚Sexual Abuse Syndrom' für sexuellen Missbrauch, sodass es auch selten unzweifelhafte Signale für sexuellen Missbrauch gibt. Sexueller Missbrauch gilt für TäterInnen als ‚todsicheres Verbrechen', da die Opfer sich in den meisten Fällen selbst schuldig fühlen und von sich aus schweigen, weil es ihnen äußerst peinlich ist, dass gerade ihnen so etwas passiert.

Am eindeutigsten kann Missbrauch nachgewiesen werden, wenn es TatzeugInnen gibt. Dies ist jedoch so gut wie nie der Fall, weil TäterInnen sich immer gut absichern, so dass sie nicht entdeckt werden.

Auch ein mündlicher Bericht eines Kindes ist ein eindeutiger Anhaltspunkt für sexuellen Missbrauch, denn Kinder erfinden keine Geschichten, die so grausam sind. Es muss jedoch berücksichtigt werden, dass nicht alle Kinder die Fähigkeit zur verbalen Enthüllung besitzen.

Häufig machen Kinder durch nonverbale Signale auf ihre Missbrauchssituation aufmerksam. Das geschieht z.B. durch Zeichnungen, Rollenspiele o.ä.

Auch körperliche Verletzungen können Zeichen sein, die jedoch immer auch andere Ursachen haben können. Sind die Verletzungen aber im Schambereich, ist dies ein nahezu eindeutiges Erkennungsmerkmal, dass das Kind sexuell missbraucht wurde.

In den meisten Fällen sind die Signale jedoch verdeckt und äußern sich in mitunter sehr subtilen Verhaltensauffälligkeiten. Diese machen sich bemerkbar in sexualisiertem Verhalten, in Distanzlosigkeit, Schulleistungsabfall oder plötzlichem –anstieg. „Gerade >sexualisiertes<, distanzloses oder aggressives Verhalten machen es uns oft schwer, diese Kinder ernst zu nehmen" (FEGERT 1993, 41). Auch ein „Nicht-nach-Hause-gehen-wollen" und altersunangemessenes Sexualverhalten können auf sexuellen Missbrauch hindeuten. Die Hinweise sind allerdings oft vage und doppeldeutig und können genauso gut andere Ursachen haben.

All diese Verhaltensauffälligkeiten sind Überlebensstrategien der Betroffenen, die nicht undifferenziert „bekämpft" werden sollten! Ein Kind wählt bestimmte Verhaltensweisen, um den sexuellen Missbrauch zu verarbeiten. Dabei muss es unterstützt, anstatt erneut bestraft zu werden.

1.6.3 Interventionsschritte

„Unter Intervention versteht man die einzelnen Handlungsschritte, mit denen professionelle HelferInnen in bestehende Missbrauchssituationen von außen eingreifen" (BORN 1994, 58).

Das deutsche Interventionssystem bei sexuellem Missbrauch

(aus: FEGERT 2001, 13)

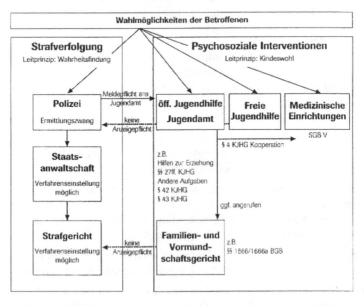

Demnach gibt es zwei Wege zur Aufklärung eines sexuellen Missbrauchs: die Strafverfolgung mit dem Leitprinzip *Wahrheitsfindung* und die psychosoziale Intervention mit dem Leitprinzip *Kindeswohl*. Eine betroffene Person kann sich also entscheiden, eine Anzeige bei der Polizei zu machen oder sich Hilfe zu holen beim Jugendamt, bei der freien Jugendhilfe oder in einer medizinischen Einrichtung. Beim Jugendamt besteht keine Anzeigepflicht des sexuellen Missbrauchs bei der Polizei. Es können aber über das Familien- und Vormundschaftsgericht verschiedene Hilfen zur Erziehung beantragt werden und den Eltern das Erziehungsrecht entzogen werden. Medizinische Einrichtungen können das Kind gemäß SGB V unterstützen.

Da Kinder jedoch so gut wie nie selbstständig eine solche Einrichtung aufsuchen, werden nachfolgend die Interventionsmöglichkeiten für Bezugspersonen erläutert. Das Verfahren der Strafverfolgung wird in Kapitel 4.3 näher beschrieben.

Wenn man als Bezugsperson mit sexuellem Missbrauch konfrontiert wird, muss man zunächst in jedem Fall die eigene Gefühlssituation beobachten. Nicht immer ist man in der Verfassung, ein Kind über einen längeren Zeitraum bei der Aufdeckung des sexuellen Missbrauchs zu begleiten. In diesem Fall sollte man dem Kind Kontakt zu anderen Personen vermitteln, die es weiter unterstützen können. Sollte sich eine Person dafür entscheiden, ein Kind bei der Aufdeckung des sexuellen Missbrauchs zu begleiten, so ist fachliche Unterstützung von außen wichtig, um eigene Betroffenheit, Ängste, Wut und Unsicherheiten aussprechen zu können.

Jedes Mal, wenn sexueller Missbrauch eines Mädchens oder Jungen bekannt oder vermutet wird, wird große emotionale Betroffenheit bei allen Personen im Umfeld ausgelöst. Trotzdem ist es wichtig, nicht überstürzt zu handeln und Ruhe zu bewahren. Das Kind wird eventuell schon über einen längeren Zeitraum missbraucht und hat notgedrungen eigene Überlebensstrategien entwickelt. Wird ein(e) TäterIn zu früh alarmiert, wird er/sie den Druck auf das Opfer nur verstärken und mit allen Mitteln versuchen, den Missbrauch zu vertuschen. „Überstürztes Handeln ,überrollt' sie/ihn, verstärkt ihre/seine Ohnmacht" (ENDERS 2001, 192).

Als erste Handlungsstrategie wird immer empfohlen, Fakten aufzuschreiben. Dies ist eines der wichtigsten Hilfsmittel und es kann darüber hinaus für einen selbst entlastend sein, alles aufgeschrieben zu haben.

ENDERS (2001) hat ein paar Leitlinien entwickelt für die Arbeit mit betroffenen Mädchen und Jungen, die hier kurz vorgestellt werden:

Dem Opfer glauben.

In jedem Fall muss dem Opfer Glauben geschenkt werden, auch wenn Teile der Erzählungen „unglaublich" erscheinen oder man sich eine bestimmte Person nicht als TäterIn vorstellen kann. „Kein Kind phantasiert so eine Tat und setzt sich damit freiwillig einer solchen Vorstellung aus. Im Gegenteil, normalerweise verharmlosen die Kinder die Tat in Umfang und Intensität, führen Entschuldigungsgründe für den Täter an und dergleichen mehr" (STROHHALM E.V. 2001, 132).

Die Bindung des Opfers an den Täter (die Täterin) akzeptieren.

Da der/die TäterIn oftmals gleichzeitig eine Vertrauensperson für das Kind ist, muss auch die Bindung des Opfers an diese Person akzeptiert werden. Das Kind wird mit dem/der TäterIn auch schöne Momente erleben und ihn/sie nicht nur als „Monster" wahrnehmen. Aus diesem Grund fällt es Kindern sehr schwer, die Missbrauchstat mitzuteilen, weil sie die positive Seite des/der TäterIn nicht verlieren wollen. Auch in der Missbrauchssituation selbst haben Traumatisierte oftmals positive und negative Gefühle gleichzeitig und müssen hinterher bestärkt werden, dass diese Gefühle auch so sein dürfen.

Mit dem Opfer ins Gespräch kommen.

Die Thematisierung des sexuellen Missbrauchs sollte in der Sprache der Kinder stattfinden, damit diese lernen, darüber zu sprechen und alles verstehen. Dabei darf keine Suggestivität entstehen. Dies ist besonders schwierig, da eine vorgefasste Meinung auch in die Frage an das Kind mit eingehen kann. Eigene Schlussfolgerungen dürfen nicht als Tatsachen angesehen werden. Hilfreich ist es, dem Kind die eigene Gesprächsbereitschaft zu signalisieren und es nicht zum Reden zu drängen.

Den Verdacht sorgfältig prüfen.

Wichtig ist es auch, andere Bezugspersonen des Kindes anzusprechen, ob Auffälligkeiten an dem Kind wahrgenommen wurden. Man kann den Verdacht trotz Datenschutzregelungen auch im Team ansprechen, da der Schutz des Kindes bei der Abwägung gemäß § 34 StGB das Interesse an der Einhaltung der Schweigepflicht wesentlich überwiegt.

Für das Opfer Partei ergreifen.

Dem Opfer nicht nur zu glauben, sondern auch für das Kind Partei zu ergreifen, ist in jedem Fall wichtig, damit es sich nicht erneut im Stich gelassen fühlt.

Bei innerfamiliärer sexueller Gewalt durch den Vater: Die Mutter stärken.

Die Mutter darf aber nur auf den Missbrauch angesprochen werden, wenn klar ist, dass sie ihr Kind schützen wird und nicht Mittäterin ist.

Das Opfer schützen.

Sobald der/die TäterIn mit dem Missbrauch konfrontiert wird, muss eine räumliche Trennung zum Schutz des Mädchens/Jungen gewährleistet werden.

Geschlechtsspezifische Hilfen für Mädchen und Jungen.

Unabhängig davon, ob es ein Strafverfahren gibt oder nicht, ist es sinnvoll, dass das Opfer den sexuellen Missbrauch in einer Gruppe für Betroffene oder in einer Einzeltherapie aufarbeitet. Damit kann zudem vor weiteren Übergriffen geschützt werden. Elementar ist in diesem Zusammenhang die geschlechtsspezifische Arbeit.

Den Täter (die Täterin) in die Verantwortung nehmen.

Sinnvoll ist es für helfende Personen in jedem Fall, Kontakt zu einer speziellen Beratungsstelle aufzunehmen, um den Verdacht zu erhärten oder zu widerlegen und sich selbst als helfende Person Unterstützung zu holen. In einer Beratungsstelle kann dann auch abgeklärt werden, ob eine Anzeige erstattet werden soll oder nicht.

Nach neuesten Erkenntnissen von FEGERT (2001), der die institutionellen Reaktionsweisen auf sexuellen Missbrauch untersucht hat, behindern sich oftmals die verschiedenen Berufsgruppen gegenseitig. „Die Kinder scheinen in jedem Fall Opfer zu sein, oftmals jedoch nicht nur Opfer sexuellen Mißbrauchs, sondern ebenfalls Opfer eines inflexiblen und übermächtigen Interventionsapparates, dem sie ebenso hilflos ausgeliefert sein können wie den sexuellen Übergriffen von Erwachsenen" (BALZER 1998, 132). Eine Einrichtung unternimmt z.b. bestimmte Schritte, während dies eher die Aufgabe der anderen Institution gewesen wäre.

Um diese Verantwortungsdiffusion zu vermeiden und eine reibungslose Aufklärung mit Opferschutz zu gewährleisten, sollte es mindestens in jeder großen Stadt **eine zentrale Anlaufstelle** geben, in der die verschiedenen Berufsgruppen vernetzt sind, um die Aufdeckung bestmöglichst koordinieren zu können!

1.7 Missbrauch mit dem Missbrauch

Nach wie vor reagiert die Öffentlichkeit in Deutschland skeptisch auf innerfamiliären Missbrauch. Oftmals hängt das mit der Hilflosigkeit zusammen, die entsteht, wenn man sich bewusst macht, dass sexueller Missbrauch immer und überall passieren kann. Viele Menschen greifen zu Konstrukten, die das Ausmaß von sexuellem Missbrauch in Frage stellen, um sich nicht mit dem Thema auseinander setzen zu müssen.

Die Argumente welche das Vorherrschen von sexuellen Missbrauch in Frage stellen, sind laut ENDERS (2001d) folgende:

1. Die Bedeutung des Themas „sexueller Missbrauch" und dessen Verbreitung werde maßlos übertrieben, um Arbeitsplätze in Spezialberatungsstellen zu erhalten. SozialarbeiterInnen und TherapeutInnen wird ein materielles Interesse unterstellt, wodurch die Fallzahlen erhöht werden. Diesem Argument kann entgegengewirkt werden, indem man verdeutlicht, dass Verhaltensauffälligkeiten auch andere

Ursachen haben können als nur sexuellen Missbrauch und dies auch in den Fachberatungsstellen ernstgenommen wird.

2. Sexueller Missbrauch werde oftmals auch als Waffe im Krieg gegen die Männer verwendet. Aufgrund der zunehmenden Emanzipation wird auch behauptet, dass Frauen durch Missbrauchsvorwürfe Männer erniedrigen wollen.

3. Sollte ein Missbrauchsverdacht in einem Sorgerechtsverfahren auftauchen, wird oft argumentiert, dass sich die Mutter nur Vorteile verschaffen wolle. Die Zahl der Falschbeschuldigungen ist jedoch sehr gering im Vergleich zu richtigen Beschuldigungen. Von 1352 Akten Berliner Familiengerichte aus den Jahren 1988, 1993 und 1995 zu Fragen der Umgangsregelung war nur in 45 Fällen ein Missbrauchsverdacht vorhanden. Dies sind 3,3 % (ENDERS 2001, 467). Wenn sich doch mal ein Verdacht gegen den Vater des Kindes als falsch herausstellt, so könnte dies u.a. daran liegen, dass die Mutter richtig wahr nimmt, dass ihr Kind Missbrauchsopfer ist, jedoch fälschlicherweise ihren Ex-Partner verdächtigt (vgl. ENDERS 2001, 463ff.).

4. Berechtigte Kritik kann im Zusammenhang mit der Qualitätssicherung der fachlichen Angebote geäußert werden. In der Vergangenheit wurden wissenschaftliche Untersuchungen in diesem Problembereich des sexuellen Missbrauchs grob vernachlässigt und die Praxis im Stich gelassen. Dadurch haben sich Fachberatungsstellen schwer getan, sich auch im Sinne einer Qualitätssicherung sinnvoll weiter zu entwickeln.

Obwohl einige Argumente für den Missbrauch mit dem Missbrauch widerlegt werden können, darf trotzdem nicht außer Acht gelassen werden, dass es zu einer Hypersensibilisierung kommen kann. Wer sich fortwährend mit dem Thema beschäftigt, reagiert eventuell hypersensibel auf kleinste Verhaltensauffälligkeiten und projiziert sexuellen Missbrauch in die verschiedensten Situationen. BALZER (1998) spricht sogar von dem Berufsbild „MissbrauchsaufdeckerIn". Es besteht dann die Gefahr der Suggestivbefragung, wenn man selbst als helfende Person nur noch Missbrauch als Ursache für bestimmte Verhaltensweisen eines Kindes sieht.

Demnach ist es immer eine Gratwanderung zwischen der Auseinandersetzung mit dem Thema einerseits und einem entstehenden gestörten Vertrauensverhältnis andererseits, wenn man in jedem erwachsenen Menschen eine(n) TäterIn vermutet. Dieses Phänomen kann z.B. durch Supervision abgeschwächt werden.

2 Sexueller Missbrauch von Menschen mit geistiger Behinderung

Nachfolgend wird die Situation des sexuellen Missbrauchs an Kindern mit einer geistigen Behinderung aufgezeigt. Besonders die Risikofaktoren stehen im Mittelpunkt. Es sollen aber auch die Folgen und Interventionsschwierigkeiten betrachtet werden.

2.1 Begriffsklärung „Geistige Behinderung"

Es gibt nicht *die* geistige Behinderung, sondern viele verschiedene Ausprägungen einer geistigen Behinderung, weshalb es auch sehr schwierig ist, sich auf eine einheitliche Definition festzulegen.

Die Weltgesundheitsorganisation (WHO) hat im Mai 2001 eine neue Klassifikation der Funktionsfähigkeit, Behinderung und Gesundheit verabschiedet – kurz: ICF (International Classification of Functioning, Disabilitiy and Health). Damit wird auf Grundlage eines bio-psycho-sozialen Modells eine gemeinsame Sprache für die Beschreibung der funktionalen Gesundheit erzielt. Es wird nun auch der gesamte Lebenshintergrund der Betroffenen berücksichtigt. Die wesentlichen Aspekte der neuen ICF wurden in das Neunte Sozialgesetzbuch (SGB IX) übernommen. Die ICF klassifiziert Beeinträchtigungen in den Bereichen Körperfunktion, Körperstruktur, Aktivität, Partizipation und Umweltfaktoren (vgl. SCHUNTERMANN 2002, 4ff.).

Funktional gesund ist laut der WHO eine Person, deren körperliche Funktionen inklusive des mentalen Bereichs und Körperstrukturen denen eines gesunden Menschen entsprechen, die alles tun kann, was von einem vergleichbaren Menschen ohne Gesundheitsproblem verlangt wird und die sich in allen Lebensbereichen, die ihr wichtig sind, entfalten kann. Behindert ist eine Person demnach, wenn eine negative Wechselwirkung zwischen einer Person mit einem Gesundheitsproblem und ihren Kontextfaktoren auf ihre Funktionsfähigkeit (insbesondere die Teilhabe an einem oder mehreren Lebensbereichen) besteht. Behinderung ist nach der ICF demzufolge eine Beeinträchtigung der Funktionsfähigkeit (vgl ebd., 4ff).

Im neuen SGB IX (§ 2 Abs. 1) vom 1.7.2001 wird die Definition von *Behinderung* der ICF folgendermaßen zusammengefasst:

> Menschen sind behindert, wenn ihre körperliche Funktion, geistige Fähigkeit oder seelische Gesundheit mit hoher Wahrscheinlichkeit länger als sechs Monate von dem für das Lebensalter typischen Zustand abweichen und daher ihre Teilhabe am Leben in der Gesellschaft beeinträchtigt ist. Sie sind von einer Behinderung bedroht, wenn die Beeinträchtigung zu erwarten ist.

Diese Definition soll als Grundlage für die vorliegende Veröffentlichung genommen werden.

Zudem kann Bezug genommen werden auf die Definition *geistiger Behinderung* des *Fachlexikons der sozialen Arbeit* (DEUTSCHER VEREIN FÜR ÖFFENTLICHE UND PRIVATE FÜRSORGE 1997, 378):

> Als g. B. gelten Personen, insofern und solange ihre Denk- und Lernfähigkeit umfänglich und längerfristig extrem hinter der am Lebensalter orientierten Erwartung liegt, was i. d. R. bei Intelligenztestwerten im Bereich unterhalb der dritten negativen Standardabweichung (IQ unter 55) anzunehmen ist.

Wenn man diese Definition genauer analysiert, stellt man fest, dass Abweichungen von der gesellschaftlichen Norm mit einer Behinderung gleichgesetzt werden. Demnach entsteht das Phänomen Behinderung dadurch, dass ein Merkmal einer Behinderung mit einer Erwartungshaltung der Gesellschaft kollidiert. Es wird deutlich, dass diese Definition der geistigen Behinderung auf Defiziten beruht und die Gefahr der Stigmatisierung in sich birgt. Es ist eine Fremd- und keine Eigendefinition. Nichtbehinderte ExpertInnen setzen Standards (IQ) und beschreiben das Leben der geistig behinderten Menschen.

Daraus entsteht die Schlussfolgerung, dass ein Mensch dann als geistig behindert gilt, wenn die Gesellschaft ihn als geistig behindert empfindet, unabhängig davon, was dieser Mensch selbst darüber denkt. Dabei liegen die Schwierigkeiten, die ein geistig behinderter Mensch in seiner Lebensführung hat, nicht ausschließlich in seiner Persönlichkeit. Die Probleme gehen ebenso vom Umfeld (Familie, Kindergarten, Schule) und der Gesellschaft aus, welche Grenzen setzt und auf diese Art die Lebensbedingungen behindernd gestaltet. Dies soll kritisch angemerkt werden, aber trotzdem die dargestellte Definition übernommen werden. Es muss in jedem Fall beachtet werden, dass die Situation des geistig behinderten Menschen differenziert wahrgenommen wird, denn die Lebenslagen von diesen Menschen unterscheiden sich z.T. erheblich und z.T. aber auch kaum von denen von Menschen ohne Behinderung.

Bedeutsam ist außerdem, dass immer von *Menschen mit einer geistiger Behinderung* gesprochen wird und nicht von *den geistig Behinderten*, damit das Menschsein und nicht die Behinderung im Vordergrund steht. So oder so steht in der Gesellschaft die Behinderung im Vordergrund, die als Defizit angesehen wird und mit allen zur Verfügung stehenden Mitteln bekämpft wird. In dieser Veröffentlichung sollen auch die positiven Besonderheiten dieser *Menschen* im Vordergrund stehen und nicht ausschließlich die Behinderung.

2.2 Definition sexuellen Missbrauchs bei Menschen mit geistiger Behinderung

Nachfolgend wird darauf eingegangen, was der sexuelle Missbrauch an einem geistig behinderten Kind bedeutet und welche Unterschiede es zu sexuellem Missbrauch an nichtbehinderten Kindern gibt.

Ein Unterscheidungsmerkmal ist, dass bei Menschen mit Behinderungen der sexuelle Missbrauch nicht nach dem vierzehnten oder sechzehnten Lebensjahr aufhört, sondern bis ins Erwachsenenalter hineinreichen kann. Das liegt u.a. daran, dass geistig behinderte Erwachsene genau wie nichtbehinderte Kinder anderen Erwachsenen kognitiv unterlegen sind. Sie sind emotional abhängig und haben eingeschränkte Möglichkeiten den sexuellen Missbrauch zu begreifen, sich zu wehren und Hilfe zu holen. Aus diesem Grund muss auch eine Definition sexuellen Missbrauchs angepasst werden.

In dieser Handreichung wird die nachfolgende Definition von Aiha Zemp als Grundlage genommen:

> Sexuelle Ausbeutung von Kindern und/oder physisch und/oder geistig abhängigen Menschen durch Erwachsene (oder ältere Jugendliche) ist eine sexuelle Handlung des Erwachsenen mit einem abhängigen Menschen, der aufgrund seiner emotionalen, intellektuellen und physischen Entwicklung nicht in der Lage ist, dieser sexuellen Handlung informiert und frei zuzustimmen. Dabei nützt der Erwachsene, der/die HelferIn die ungleichen Machtverhältnisse zwischen sich und der/dem Abhängigen aus, um es/sie/ihn zur Kooperation zu überreden oder zu zwingen. Zentral ist dabei die Verpflichtung zur Geheimhaltung, die das Kind/die abhängige Person zu Sprachlosigkeit, Wehrlosigkeit und Hilflosigkeit verurteilt (ZEMP 1997a, 17).

ZEMP geht demzufolge von einer weitgefassten Definition sexuellen Missbrauchs von Menschen mit geistiger Behinderung aus. Für sie beginnt sexueller Missbrauch da, wo eine geistig behinderte Person von einer anderen Person als Objekt zur Befriedigung sexueller Bedürfnisse gebraucht wird. Bei dieser Definition wird zwar nicht der Begriff „Sexueller Missbrauch" verwendet, sondern „Sexuelle Ausbeutung", dies geht aber in die gleiche Richtung, denn wenn ein Mensch ausgebeutet wird, wird er auch missbraucht und umgekehrt.

Die Schwierigkeit dieser Definition besteht darin, dass geistig behinderte Menschen einerseits vor sexuellem Missbrauch geschützt werden sollen und andererseits aber auch ein Recht auf eine sexuelle Beziehung haben. Eine sexuelle Beziehung kann auch mit einem nichtbehinderten Erwachsenen bestehen. Es muss ein Kompromiss gefunden werden, das Risiko sexuellen Missbrauchs zu minimieren und dabei dem geistig behinderten Menschen aber trotzdem noch Liebesbeziehungen in Form einer Beziehung ohne Machtgefälle zu ermöglichen (vgl. Kapitel 2.1).

Eine weitere Schwierigkeit besteht darin, zu definieren, wann eine Lage ausgenutzt wird bzw. was passiert, wenn das Kind oder der Jugendliche mit einer geistigen Behinderung z.b. den sexuellen Kontakt zu einem Betreuer scheinbar genießt. In einem solchen Fall muss wieder beachtet werden, dass geistig behinderte Menschen diese Situation eventuell nicht richtig einschätzen können und deswegen der/die nichtbehinderte Erwachsene die Verantwortung trägt (vgl. Kapitel 2.4). Es muss sehr genau beobachtet werden, ob der nichtbehinderte erwachsenen Mensch eine Situation ausnutzt oder ob eine gleichwertige Partnerschaft besteht.

2.3 Studienergebnisse zu sexueller Gewalt gegen Menschen mit geistiger Behinderung

2.3.1 Das Ausmaß

Da es bereits zu sexuellem Missbrauch an nichtbehinderten Mädchen und Jungen kaum repräsentative deutschsprachige Studien gibt (vgl. Kapitel 2.3), gibt es bezüglich des Ausmaßes sexuellen Missbrauchs bei Menschen mit geistiger Behinderung erst recht keine Statistik, da diesbezüglich ein größeres Tabu herrscht. In der Kriminalstatistik des Bundeskriminalamtes werden bei Straftaten nach § 176 StGB (Sexueller Missbrauch von Kindern) eventuelle Behinderungen der Opfer statistisch gar nicht erfasst. Zu § 179 StGB, der den sexuellen Missbrauch von widerstandsunfähigen Menschen unter anderem aufgrund einer geistigen Behinderung unter Strafe stellt, werden in der polizeilichen Kriminalstatistik keine Angaben gemacht.

Erste Berichte und Äußerungen von Menschen, die in Behinderteneinrichtungen arbeiten sowie vereinzelte Berichte von betroffenen behinderten Menschen sind bisher alles, was bekannt ist (vgl. BRILL 1998, 51).

Es kann dessen ungeachtet von einer mindestens so großen Dunkelziffer ausgegangen werden wie bei sexuellem Missbrauch von nichtbehinderten Kindern, da geistig behinderte Menschen oft eine mangelhafte Ausdrucksfähigkeit besitzen und sich den wenigen Vertrauenspersonen, die sie haben, schlecht mitteilen können. Und: „Sexuelle Gewalt gegen behinderte Frauen stellt ein Tabuthema im Tabuthema der sexuelle Gewalt gegen Mädchen und Frauen dar, obwohl oder auch gerade weil sich die gesellschaftliche Diskriminierung behinderter Frauen hier von ihrer krassesten Seite zeigt" (DEGENER 1990 in: KLEIN/ WAWROK/ FEGERT 1999, 242).

Bei Menschen mit geistiger Behinderung ist der sexuelle Missbrauch in einem weitaus größeren Maße eine Beziehungstat als bei Menschen ohne Behinderung, da der soziale Radius oftmals sehr beschränkt ist und geistig behinderte Menschen sich ihre Bezugspersonen selten aussuchen können.

Auch die im nachfolgenden Kapitel 3.4 genannten Risikofaktoren für sexuellen Missbrauch an geistig behinderten Menschen lassen zu dem Schluss kommen, dass die Dunkelziffer mindestens so hoch ist wie bei sexuellem Missbrauch an nichtbehinderten Kindern.

SENN hat die Ergebnisse verschiedener amerikanischer Studien verknüpft und kam 1993 zu der Annahme, dass ca. 39 % bis 68 % der Mädchen und zwischen 16 % und 30 % der Jungen mit Entwicklungsstörungen vor ihrem achtzehnten Geburtstag sexuell missbraucht werden.

In einer Befragung von 1990 an einer Hamburger Sonderschule von HEIDBÜCHL haben 80 % der befragten SonderpädagogInnen die Vermutung geäußert, einige ihrer SchülerInnen würden sexuell missbraucht (vgl. SELIGMANN 1996, 87).

Alleine NOACK & SCHMID (1994) machten eine bundesweit erste Erhebung auf deren Ergebnisse ich nun eingehen möchte. Bei dieser bundesweiten Befragung von der Fachhochschule für Sozialwesen in Esslingen wurden MitarbeiterInnen von Einrichtungen für behinderte Menschen zum Thema befragt. Danach haben die Befragten selbst definiert, welche Handlungen sie zu sexueller Gewalt gegen geistig behinderte Menschen zählen. Obwohl auch hier mit einer großen Dunkelziffer gerechnet werden muss, gaben 51,3 % der befragten Einrichtungen an, dass ihnen Fälle sexueller Gewalt an geistig behinderten Menschen bekannt sind. Bei 30 % der Frauen mit geistiger Behinderung waren Situationen von sexuellem Missbrauch offensichtlich. Von den geistig behinderten Männern hatten 16, 6 % bereits sexuellen Missbrauch erlebt. Bei 71,7 % der Einrichtungen ist das Thema „Sexueller Missbrauch" bereits im Gespräch, jedoch tauchte es zum Zeitpunkt der Befragung bei nur 2 % der Einrichtungen in der Konzeption auf (vgl. NOACK & SCHMID 1994, 44ff.).

Die Relevanz der geschlechtsspezifischen Sozialisationsbedingungen für das Ausmaß von sexuellem Missbrauch an geistig behinderten Menschen wurde bisher bei keiner Studie beachtet.

Nachfolgend sollen zur Veranschaulichung, in welcher Form sexueller Missbrauch an Menschen mit geistiger Behinderung geschehen kann, zwei Fallbeispiele dargestellt werden.

2.3.2 Zwei Fallbeispiele

Fall Christiane:

GILLISSEN (2000 in: DAS BAND 2/2000) schildert einfühlsam, wie ihre körperlich behinderte Tochter Christiane mit einer expressiven Sprachstörung in ihrem Wohnheim im Alter von 26 Jahren von der Nachtwache missbraucht wurde und vor Gericht keine Lobby hatte. Zunächst hatte die Mutter nur Vorahnungen, denn Christiane konnte im Heim nicht mehr schlafen, hat viel geweint, war total verspannt und hatte Schmerzen. Dafür schlief sie jeden Mittag in der Werkstatt. Erst als die Mutter sie nach Hause geholt hatte und ihr versprach, sie müsse nicht wieder ins Heim, hat sich Christiane auf ihre Weise geäußert: „der Mann habe ihr nachts weh getan ... ihr die Brust geküsst ... sie zwischen die Beine gepackt" (GILLISSEN 2000, 7).

Nachdem Christianes Mutter dann Strafantrag bei der Staatsanwaltschaft gestellt hatte, erlebte sie die nächste Enttäuschung. Der Richter am Amtsgericht lehnte die Vernehmung der Zeugin ab, da sie nur mit „Ja" und „Nein" bzw. mit Körpermimik antworten könne. GILLISSEN fragt sich seitdem, warum ihre Tochter keine Lobby habe und warum sie aufgrund ihrer Behinderung „zum Freiwild abgestempelt werde" (vgl. ebd. 2000, 7).

Fall Anke und Stefanie:

Die Wehrlosigkeit der schwer geistig behinderten Anke mit Down-Syndrom wurde während ihrer Schulzeit schamlos ausgenutzt. Ein Lehrer, auf dessen Fürsorge sie angewiesen war, nahm sie immer wieder in Einzelunterricht, schloss die Türe ab und zwang sie nichts zu erzählen. Er fasste ihr in die Hose, gab ihr Küsse und auf dem Computer erschienen nackte Frauen und Männer (vgl. MÖBNER 2001).

Derselbe Täter missbrauchte ein weiteres behindertes Mädchen, das sich nicht wehren konnte. „Der Angeklagte forderte Stefanie auf, sich mit entblößtem Unterkörper und angezogenen Beinen vor ihm auf den Tisch zu legen. Anschließend manipulierte er mit seinen Fingern an der Scheide von Stefanie und (...) rieb in der Mehrzahl der Fälle sein Geschlechtsteil an der Scheide von Stefanie, teilweise führte dies zu einem Samenerguß" (MÖBNER 2001). Er erhielt eine Freiheitsstrafe über zwei Jahre für sexuellen Missbrauch in 31 Fällen.

2.4 Risikofaktoren für sexuellen Missbrauch bei geistig behinderten Menschen

2.4.1 Allgemein

Sexueller Missbrauch an Menschen mit geistiger Behinderung wird häufig als eine doppelte Tabuisierung – das Tabu im Tabu – bezeichnet. Obwohl sexueller Missbrauch generell immer mehr thematisiert wird, können sich viele Menschen nicht vorstellen, dass dies auch an geistig behinderten Kindern geschieht.

Behinderte Menschen haben allerdings ein ganz besonderes Bedürfnis nach partnerschaftlichen Beziehungen, weil sie dadurch Zuneigung von einem Menschen erfahren, der Interesse an ihnen hat. Dies ist eine andere Art von Zuneigung und Interesse, als sie sonst von pflichtbewussten Eltern oder professionellen BetreuerInnen bekommen. Leider wird diese Zuneigung, wie bereits dargestellt, häufig ausgenutzt.

Menschen mit geistiger Behinderung leben sogar regelrecht in einem täterfreundlichen Umfeld bedingt durch den fremdbestimmten Alltag, das Vorurteil der Unglaubwürdigkeit, mangelnde Artikulationsmöglichkeiten und durch ihre Abhängigkeit von anderen Menschen. Diese Risikofaktoren für sexuellen Missbrauch an geistig behinderten Kindern sollen nachfolgend ausführlicher geschildert werden.

2.4.2 Physische Bedingungen einer Behinderung als Risikofaktor

Noch heute ist es trotz Gesetzesänderung oft üblich, geistig behinderte Mädchen zu **sterilisieren**. Laut einer Hamburger Umfrage von REGER in einer Sonderschule, waren 1992 mehr als die Hälfte der Mädchen sterilisiert (vgl. SELIGMANN 1996, 76f.). Da die TäterInnen hauptsächlich aus dem sozialen Nahbereich kommen, haben sie in der Regel auch Kenntnis darüber, dass das Mädchen oder die Frau mit einer geistigen Behinderung sterilisiert wurde. Und dies kann sie sogar erst recht ermuntern, weil das Risiko einer ungewollten Schwangerschaft, nicht mehr besteht. Die Tat wird von den TäterInnen als folgenlos eingestuft. „Auch zur Begründung der Notwendigkeit der (Zwangs-)Sterilisation geistig behinderter Mädchen und Frauen wurde immer wieder das zynische Argument ins Feld geführt, dass diese oft sexuell missbraucht würden – und deshalb eine „vorbeugende" Sterilisation nötig sei, um die Folge einer Schwangerschaft abzuwenden" (KLEIN/ WAWROK/ FEGERT 1999, 243). Glücklicherweise dürfen seit 1. Januar 1992 gemäß § 1631c BGB Minderjährige nicht mehr sterilisiert werden, auch wenn sie selbst ihre Zustimmung geben. Der dargestellte Risikofaktor betrifft demnach geistig behinderte Mädchen und Frauen.

Neben einer eingeschränkten sexuellen Selbstbestimmung haben geistig behinderte Kinder oftmals zusätzlich eine **verminderte körperliche**

Selbstbestimmung. Durch die ständige Fremdbestimmung im Zusammenhang mit der für sie notwendigen Pflege fällt es ihnen schwer, zwischen einer liebevollen Berührung und sexueller Gewalt zu unterscheiden. Und selbst wenn sie es merken, ist die Angst vor Hilflosigkeit so groß, dass sie den Missbrauch lieber über sich ergehen lassen, um weiterhin Unterstützung bei der Körperpflege zu erhalten. „Behinderte Mädchen und Jungen haben nicht nur keine Intimsphäre, sie erleben alltäglich Eingriffe und Verletzungen und wachsen schließlich mit dem Gefühl auf, ‚an mir darf jede und jeder herumfummeln': der Arzt, der Pfleger, der Therapeut usw." (ZEMP 1992 in: SELIGMANN 1996, 77).

Die physische Abhängigkeit eines Menschen mit einer geistigen Behinderung führt demnach zum erhöhten Risiko, sexuell missbraucht zu werden.

2.4.3 Psychische und emotionale Rahmenbedingungen als Risikofaktor

Geistig behinderte Menschen sind durch ihre Unselbstständigkeit auch psychisch in hohem Maße von anderen Menschen abhängig. Sie entwickeln eine **starke emotionale Bindung zu ihren Bezugspersonen**, wodurch sie gleichzeitig verletzbar werden (vgl. SENN 1993, 34f.).

Kommunikationsbarrieren erschweren den Kontakt zur Umwelt und die Möglichkeit, dass ein geistig behindertes Kind von seinen Problemen erzählt. Ein(e) TäterIn geht davon aus, dass ein geistig behindertes Kind mit Sprachschwierigkeiten nichts erzählen wird (vgl. VON WEILER/ENDERS 2001,125).

Da behinderte Kinder viel von ihrer Umwelt vorgeschrieben bekommen, entwickeln sie **wenig Selbstbewusstsein**. Sie werden dazu erzogen, höflich und angepasst zu sein und entwickeln nach und nach eine Widerstandslosigkeit. Sie sind leichter manipulierbar als nichtbehinderte Kinder.

„Zudem können sie aufgrund **mangelnder Erfahrung** oder aufgrund von Entwicklungsstörungen Schwierigkeiten haben, die Vorgehensweisen von Erwachsenen zu durchschauen" (SELIGMANN 1996, 79). Es mag ihnen „normal" vorkommen, wenn z.B. ihr Vater sie an der Scheide oder am Penis berührt, v.a. wenn dieser es als „normal" bezeichnet. Laut WALTER (1996a) fällt vielen geistig behinderten Menschen „die Unterscheidung zwischen einvernehmlicher Handlung, bei der man sich wohlfühlen darf, und andererseits einem aufoktroyierten Fremdwillen, bei dem man ein unangenehmes Gefühl haben darf" (ebd. 1996a, 415), schwer.

Distanzlosigkeit ist auch ein Begriff, der häufig als Risikofaktor für sexuellen Missbrauch an Menschen mit geistiger Behinderung genannt wird. Viele geistig behinderte Kinder suchen entweder bewusst die Nähe eines Erwachsenen, um Anerkennung zu erhalten oder es fällt ihnen schwer, Grenzen von anderen Menschen zu erkennen. Der Körper wird als Ver-

ständigungsmittel eingesetzt, wenn verbale Kommunikations-
möglichkeiten fehlen oder eingeschränkt sind. Dies kann durch Erwachsene
fehlinterpretiert werden und zu sexuellem Missbrauch führen.

Menschen mit geistiger Behinderung versuchen unter Umständen sogar,
Liebe und Zärtlichkeit durch **sexuelle Verfügbarkeit** zu erhalten. Diese
„Zustimmung" zu sexuellen Handlungen erfolgt jedoch meist aus einem
Abhängigkeitsgefälle heraus. Jugendliche und Erwachsene mit geistiger
Behinderung empfinden es zunächst als positiv, nicht als asexuelles Wesen
betrachtet zu werden und wehren sich daher nicht gegen die sexuellen
Übergriffe. Der Kontakt zum nichtbehinderten Menschen scheint ihnen das
Tor zur „Normalwelt" zu öffnen. Dadurch sind geistig behinderte Men-
schen auch empfänglicher für Bestechungen durch TäterInnen (vgl. SENN
1993, 35).

Durch das alltägliche Ausgeliefertsein fällt es geistig behinderten Menschen mitunter schwer, Scham und Wut wahrzunehmen und zuzulassen.
Diese **Gefühle werden unterdrückt** und damit wird sexueller Missbrauch
wiederum auch „nur" zu einer Grenzverletzung von vielen anderen, die
täglich erlebt werden.

Mit diesen Beispielen wird deutlich, dass geistig behinderte Kinder emotional stark von anderen Menschen abhängig sind und eher missbraucht werden können als nicht behinderte Kinder, da sie erwachsenen Menschen fast
immer vertrauen müssen, um die notwendige Unterstützung in der Lebensführung zu erhalten.

2.4.4 Gesellschaftlich bedingte Ursachen als Risikofaktor

Gesellschaftliche Zustände tragen einen Großteil dazu bei, dass geistig
behinderte Kinder einem größeren Risiko ausgesetzt sind, missbraucht zu
werden, denn „behinderungsspezifische Verhaltensdefizite müssen immer
auch im Kontext sozialisatorischer Umfeldbedingungen verstanden werden" (WALTER 1996a, 416).

Menschen mit geistiger Behinderung leben als **Minderheit** in einer Welt,
die von Menschen ohne Behinderung bestimmt wird. „Durch die Ungleich-
verteilung von Macht und Unterordnung sowohl im Verhältnis zwischen
den Geschlechtern als auch zwischen geistig und nicht geistig behinderten
Menschen sind geistig behinderte Menschen einem besonders großen Risiko ausgesetzt, sexuell ausgebeutet zu werden" (HALLSTEIN 1996a, 250).
Ein geistig behindertes Mädchen steht am Ende der Skala gesellschaftlicher
Abhängigkeitsverhältnisse. Es ist „dem herrschenden Machtgefälle in drei-
facher Weise ausgeliefert: als Kind, als weibliche Person und als behinderter Mensch" (SELIGMANN 1996, 75).

Geistig behinderte Kinder leben zudem oftmals **räumlich und sozial isoliert**. Eltern gehen nicht mit dem Kind in die Öffentlichkeit oder meinen,

ihr Kind brauche keine Freunde, weil es „sowieso nicht damit klar käme".
Räumlich isoliert sind behinderte Kinder dadurch, dass sie meist auf eine
Sonderschule gehen und ihre Freizeit in Sonder-fördereinrichtungen
verbringen. Die restliche Freizeit, die übrig bleibt, verbringen sie dann zu
Hause. TäterInnen kommen zum überwiegenden Teil aus dem sozialen
Nahraum; somit sind sozial isolierte Kinder mit geistiger Behinderung besonders gefährdet, Opfer zu werden. Mangelnde Beziehungen in der eigenen Peer-Gruppe behindern auch die Entwicklung eines gesunden Selbstbewusstseins (vgl. VON WEILER/ENDERS 2001, 126; vgl. SENN 1993, 33).

Da geistig behinderte Menschen häufig Sprachschwierigkeiten haben und
intellektuell eingeschränkt sind, werden Andeutungen, die auf eine sexuelle
Missbrauchssituation hinweisen könnten, leicht heruntergespielt. Sie werden **nicht ernst genommen** und Aussagen gelten als weniger glaubhaft
(vgl. BRILL 1998, 54).

Es wird sogar davon gesprochen, dass behinderte Menschen „dazu erzogen
werden, missbraucht und ausgebeutet zu werden" (SOBSEY & MANSELL
1997 in: KLEIN/ WAWROK/ FEGERT 1999, 247), was wohl daran liegt, dass
diese Menschen durch das Leben in Institutionen (Familie, Sonderschule,
Wohnheim, u.a.) zu **Angepasstheit** erzogen werden und die Fähigkeit, sich
gegen sexuelle Gewalt zu wehren, zerstört wird. **Gute (brave) Kinder sind
schließlich auch gute Opfer!**

Nach wie vor herrscht der **Mythos**, dass behinderte Kinder eben durch ihre
Behinderung vor sexuellem Missbrauch geschützt sind. Geistig behinderte
Kinder werden als Opfer sexuellen Missbrauchs nicht immer anerkannt.
Manche Menschen meinen, diese Kinder würden nur Mitleid erregen und
wären damit geschützt. Und genau diese Einstellung macht es den TäterInnen leicht, denn sie wiegen sich in Sicherheit, selbst wenn das Kind etwas
erzählen sollte. Dem Kind wird meist nicht geglaubt (vgl. SELIGMANN
1996, 80f.).

Die Gesellschaft hat außerdem Schwierigkeiten mit der Vorstellung, dass
behinderte Menschen genauso sexuell aktiv sein können, wie Menschen
ohne Behinderung. Behinderten Menschen wird heutzutage noch oft die
sexuelle Selbstbestimmung abgesprochen. Behinderte Menschen gelten als
sexuell nicht attraktiv, da sie nicht dem gesellschaftlichen Schönheitsideal
entsprechen. Der Mythos des „Verge-wohl-täters" ist eine weitere gesellschaftliche Bedingung, durch die TäterInnen in Schutz genommen werden.

Selbst wenn eine Missbrauchstat offenkundig wird, herrscht nach wie vor
die Meinung, der geistig behinderte Mensch solle doch froh sein, dass sich
jemand für ihn interessiert (vgl. BRILL 1998, 54). Diese Tatsache kann dem
geistig behinderten Kind, das es schon mal geschafft hat, den Täter oder die
Täterin vor Gericht zu bringen, zum Verhängnis werden. In den meisten
Fällen werden diese TäterInnen keine gerechte Strafe erhalten, weil man sie

für psychisch krank erklären wird. Es entspricht eben nicht dem **gesellschaftlichen Schönheitsideal**, einen geistig behinderten Menschen zum Sexualpartner zu nehmen und deswegen können es sich viele Menschen auch nicht vorstellen, dass jemand Gefallen daran finden kann, einen geistig behinderten Menschen sexuell zu missbrauchen.

Eine **mangelnde sexuelle Aufklärung** kann dazu führen, dass ein geistig behindertes Kind Opfer von sexuellem Missbrauch wird. Es herrscht immer noch – wenn auch seltener – in der Gesellschaft der Mythos, man solle geistig behinderten Menschen durch Aufklärungsunterricht gar nicht erst das Interesse an Sexualität wecken. Bei nichtbehinderten Kindern ist die sexuelle Aufklärung ab einem gewissen Alter selbstverständlich, bei behinderten Kindern muss immer noch mal extra darüber diskutiert werden. Leider haben geistig behinderte Kinder subtil repressiv gestaltete Lebensbedingungen, die das Persönlichkeitsrecht auf Sexualität einschränken. Und wenn sie nicht wissen, was Sexualität ist, werden sie auch nicht wissen, dass es sexuellen Missbrauch gibt (vgl. VON WEILER/ENDERS 2001, 126).

Selbst wenn eine sexuelle Aufklärung stattgefunden hat, **fehlt** geistig behinderten Kindern häufig **die Möglichkeit**, ihre sexuelle Neugier ungestört ausleben zu können. Es fehlen natürliche Bedingungen, weil das Kind die meiste Zeit in Einrichtungen oder bei den Eltern verbringt. Kontakt zu eigenen FreundInnen besteht eher selten. Situationen für sogenannte Doktorspielchen gibt es kaum. Unter Umständen wird dann eine Missbrauchssituation als positiv angesehen, weil endlich mal die Sexualität ausprobiert werden darf (vgl. SENN 1993, 36f.).

Täter glauben, dass geistig behinderte Kinder den sexuellen Missbrauch gar **nicht verstehen** können und würden aufgrund der mangelhaften Leistungsfähigkeit ihres Langzeitgedächtnisses **schnell vergessen**, was passiert ist.

Ein weiterer Risikofaktor für sexuellen Missbrauch an geistig behinderten Kindern sind die **hohen Profite**, die professionelle Pornohändler mit Material über die sexuelle Ausbeutung von Mädchen und Jungen mit Behinderungen erzielen können (VON WEILER; ENDERS 2001, 127).

2.4.5 Institutionelle und strukturelle Rahmenbedingungen

Rigide und autoritäre Strukturen in Behinderteneinrichtungen forcieren sexuelle Gewalt. Auch eine **hohe Personalfluktuation** kann potenzielle TäterInnen verbergen, die bei Verdacht einfach die Einrichtung wechseln.

Bei behinderten Menschen kommt die Schwierigkeit hinzu, dass sie zu weiten Teilen sehr fremdbestimmt sind und die Übergänge von der Pflege zu sexuellem Missbrauch fließend sein können. Der behinderte Mensch ist es gewöhnt, dass er gebadet wird. Wenn dann z.B. eine Betreuerin etwas gründlicher das Geschlechtsteil wäscht, kann dieser Mann sich kaum wehren, weil er ja angeblich nur „sorgfältig" gewaschen wird. Die **Alltäglich-**

keit von Fremdbestimmung wird dem geistig behinderten Menschen zum Verhängnis. Zudem ist es aufgrund von Personalmangel leider nur in seltenen Fällen möglich, dass sich ein Behinderter aussuchen darf, von wem er gewaschen werden möchte. „Es bestehen häufig Situationen, in denen geistig behinderte Mädchen mit einem Erwachsenen allein sind, sei es in der Therapie, bei speziellen Fördermaßnahmen oder auf der Toilette in der Schule" (BECKER 1995, 86).

Erfreulicherweise gewinnt das Thema Selbstbestimmung immer mehr an Bedeutung in Einrichtungen der Behindertenhilfe. Dies trägt dazu bei, dass die fremdbestimmte Abhängigkeit vermindert wird. Dennoch geschehen viele Abläufe in institutionellen Einrichtungen immer noch **ohne die Mitbestimmung** der geistig behinderten Menschen. Dies macht es nach wie vor schwierig für geistig behinderte Menschen, Widerstand zu leisten.

Auch wenn dies heutzutage nicht mehr so oft der Fall sein dürfte, so ist es trotzdem noch extrem wichtig, das Tabu des sexuellen Missbrauchs von Behinderten zu brechen. „Oft wird die Wahrung des Rufs einer Institution über das Wohl der BewohnerInnen gestellt" (ZEMP 1993, 63). Aus Furcht vor einem **schlechten Ruf** werden nicht alle Fälle konsequent verfolgt. „Viel zu oft wird vertuscht, verharmlost oder innerhalb des Trägers versetzt" (HALLSTEIN 1996a, 253).

Die speziellen Anlaufstellen für sexuell missbrauchte Menschen sind meist viel zu **hochschwellig** für Menschen mit einer geistigen Behinderung, was wiederum dazu führt, dass sie den sexuellen Missbrauch für sich behalten, weil sie gar nicht wissen, dass es dafür Beratungsstellen gibt. Ihre Bezugspersonen wollen geistig behinderte Menschen mitunter davor schützen, von ihrem schlimmen Erlebnis zu erfahren. Sollte es doch zu einem Beratungsgespräch kommen, werden die behinderten Menschen oft **übergangen** in dem nur mit den Bezugspersonen gesprochen wird. Dies kann eine weitere Demütigung und Verletzung für den geistig behinderten Menschen bedeuten (vgl. SELIGMANN 1996, 94f.).

Mangelnde Präventionsangebote sind schließlich auch noch ein Risikofaktor für sexuellen Missbrauch. Es gibt immer mehr Konzeptionen für die Grundschule – der Bereich der Sonderschule wird bis auf die Schulen für Lernbehinderte bisher ausgeklammert. Gängige Präventionsangebote sind nicht auf geistig behinderte Kinder zugeschnitten. Es wäre wichtig, bildlich und einfach gestaltetes Präventionsmaterial für die Geistigbehindertenpädagogik zu entwickeln.

Die dargestellten Risikofaktoren sind teilweise bedingt durch die Erziehung sowie durch die Einstellung der Gesellschaft. Die diversen Bedingungen überschneiden sich. Wichtig für eine erfolgreiche Präventionsarbeit ist es also, nicht nur einen Risikofaktor auszuschalten, sondern alle Bereiche zu Gunsten des geistig behinderten Kindes zu verändern.

2.5 Folgen sexuellen Missbrauchs bei geistig behinderten Mädchen und Jungen

Wie sexueller Missbrauch erlebt wird hängt immer vom individuellen Entwicklungsstand ab. „Da sich das betroffene behinderte Kind wahrscheinlich nicht zur Wehr setzen kann und aufgrund seiner Abhängigkeit zu verstärktem Schweigen gezwungen ist, sind auch die Folgen des sexuellen Missbrauchs von behinderten Kindern um so gravierender" (SELIGMANN 1996, 88). Geistig behinderte Kinder verfügen über weniger Möglichkeiten, das Trauma zu verarbeiten oder sich auszudrücken, sodass davon ausgegangen werden kann, dass die Folgen zwar die gleichen, aber extremer sind als bei nichtbehinderten Kindern. Nachfolgend soll darauf eingegangen werden, welche Folgen auftreten können. Meist sind die Folgen auch gleichzeitig ein Erkennungsmerkmal für sexuellen Missbrauch (vgl. auch Kapitel 2.5). Ein Anspruch auf eine komplette Darstellung der Traumafolgen besteht hier nicht.

2.5.1 Verhaltensauffälligkeiten

„Es ist notwendig, die Reaktionsweisen auf sexuelle Gewalt zu (er-)kennen, um sie wahrzunehmen. Verhaltensauffälligkeiten sind diesbezüglich die offensichtlichsten" (HALLSTEIN 1996a, 255). Meistens werden Verhaltensauffälligkeiten bei geistig behinderten Kindern jedoch der Behinderung zugeschrieben. Dabei wäre es wichtig, auch den sexuellen Missbrauch als mögliche Ursache für Verhaltensauffälligkeiten zu erkennen.

„Sogenanntes **distanzloses oder triebhaftes Verhalten** eines Mädchens oder einer Frau könnte ein Hinweis darauf sein, daß sexueller Mißbrauch an ihr begangen wurde" (KNAPP 1993, 46f. in: BECKER 1995, 74). Dies muss also nicht unbedingt nur eine Folgeerscheinung der Behinderung sein.

Oft entwickelt sich die **Sexualität** eines traumatisierten Kindes **nicht altersgemäß**. Dies kann sich in einer erhöhten sexuellen Aktivität oder auch in einer völligen Aversion gegen Sexualität zeigen. Das kann sogar soweit gehen, dass sich betroffene geistig behinderte Frauen sexuell anbieten.

Ein geistig behindertes Kind, das von einer Bezugsperson sexuell missbraucht wurde, **verliert** mitunter jegliches **Vertrauen** in andere Menschen, weil es bereits einmal Schaden zugefügt bekommen hat von einer Person, von der es abhängig ist und der es vertraut hat. Dies kann mitunter durch Fremdaggression zum Ausdruck kommen.

In der sexuellen Missbrauchshandlung wird das Recht des behinderten Kindes übergangen. Der Wille und die Wünsche des Kindes werden ignoriert. Dies erzeugt ein **Gefühl von Machtlosigkeit**. Geistig behinderte Kinder, die zu allem „Ja" sagen und alles mit sich machen lassen, befinden sich eventuell in solch einer Situation.

Einige eher leicht geistig behinderte Kinder wissen von ihrer Behinderung und haben meist auch ein **geringes Selbstbewusstsein**. Der sexuelle Missbrauch führt dazu, dass dieses Kind eine weitere negative Erfahrung auf sein Selbstbild projiziert. Die Folge kann von einem verminderten Selbstbewusstsein bis hin zum Selbsthass gehen.

Durch unzureichende Präventionsmaßnahmen sind geistig behinderte Kinder noch weniger darauf vorbereitet, sich gegen sexuellen Missbrauch zu wehren, als nicht behinderte Kinder. VARLEY (1984 in: SENN 1993, 55) geht deshalb davon aus, dass geistig behinderte Menschen mit sexuellen Missbrauchserfahrungen am ehesten an einem **schweren psychischen Leiden** erkranken werden. Auch Therapiemöglichkeiten für geistig behinderte Menschen sind bislang noch sehr rar. Wenn jedoch der Missbrauch nicht aufgearbeitet wird und keine Abwehrstrategien entwickelt werden, neigen viele Opfer dazu, in ihrem späteren Leben wiederholt missbraucht zu werden.

Die Entwicklung von Süchten und autoaggressive Tendenzen können auch Folgeerscheinungen sexueller Gewalterfahrungen sein. Genauso wie **Depression, Ohnmacht, Zwänge, Phobien, Aggression**. Die Opfer sind traumatisiert und zeigen dementsprechende Traumafolgen.

Es wird aber nicht nur durch negative Verhaltensauffälligkeiten Aufmerksamkeit erregt. Manchmal entsteht auch ein **besonderes Engagement** in bestimmten Bereichen, um andere Bereiche zu meiden. Ein geistig behindertes Kind, das sehr anhänglich zu einer Bezugsperson ist, hat eventuell mit einem anderen erwachsenen Menschen schlechte Erfahrungen gemacht.

In jedem Fall gilt hier, dass die Verhaltensauffälligkeit gleichzeitig eine Überlebensstrategie ist und nicht undifferenziert bekämpft werden darf. Außerdem können diese Auffälligkeiten auch andere Ursachen haben, so dass sie kein Garant dafür sind, dass sexueller Missbrauch vorliegt.

2.5.2 Geistige Behinderung als Folgeerscheinung von sexuellen Missbrauchserfahrungen

Da u.a. Verhaltensveränderungen, Lern-, Sprach- und Entwicklungsstörungen Folgen von sexuellen Missbrauchserlebnissen sein können, ist nicht auszuschließen, dass daraus wiederum Sekundärbehinderungen entstehen. Dazu gibt es bisher jedoch keine eindeutigen Studien.

Es wird hier deutlich, wie schwierig es ist, bei geistig behinderten Menschen zwischen Folgen von sexuellem Missbrauch und einer „normalen" Äußerungsform der Behinderung zu unterscheiden. Beispielsweise können Sprachstörungen, Überangepasstheit, Distanzlosigkeit, aggressives Verhalten und noch vieles mehr sowohl Sekundärfolgen der Behinderung, als auch Auswirkungen des sexuellen Missbrauchs sein. Deshalb ist es eine grundsätzliche Frage, ob die geistige Behinderung schon vor den sexuellen

Missbrauchserfahrungen bestand oder erst dadurch aufgetaucht ist. Die Beziehung zwischen Ursache und Folge ist noch weitestgehend unerforscht.

Diese Schwierigkeiten machen es erforderlich, dass Fachkräfte aus dem Behindertenbereich zum Thema sexueller Missbrauch fortgebildet werden und die typischen Signale und Interventionsmöglichkeiten kennen. Es muss in jedem Fall sehr genau beobachtet werden, aber wichtig ist es, sexuellen Missbrauch zumindest bei ansonsten unklarer Genese in Betracht zu ziehen (vgl. BRILL 1998, 54 f.).

2.5.3 Exkurs: Autismus als Folgeerscheinung

KNAPP (1993) geht davon aus, dass frühkindlicher Autismus mit sexuellen Missbrauchserfahrungen zusammen hängen kann. Als Musiktherapeutin hat KNAPP mit autistischen Mädchen und jungen Frauen gearbeitet. Dabei hat sich herausgestellt, dass fast alle Mädchen und Frauen bereits mindestens einmal sexuelle Gewalt erfahren hatten.

Sie stellt die These auf, „daß nicht ausgeschlossen werden kann, daß ein Mädchen, die autistische Verhaltensweisen zeigt, diese als Folgeerscheinung sexueller Mißbrauchserfahrungen entwickelt hat" (KNAPP 1993, 49). Eine Erklärung dafür ist Ihrer Meinung nach, dass Verhaltensweisen, die durch sexuelle Missbrauchserfahrungen einerseits und solche, die andererseits durch Autismus entstehen oftmals übereinstimmen. So sind autistische Kinder zum Beispiel eher ängstlich, misstrauisch und unruhig, was auch eine Folge von sexuellem Missbrauch sein kann. Autoaggressives Verhalten, Körperwahrnehmungs-, Schlaf- und Essstörungen können sowohl eine Folgeerscheinung von Autismus als auch von sexuellem Missbrauch sein.

Ich schließe mich damit KNAPP an und möchte hervorheben, dass auch autistische Kinder genau beobachtet werden müssen, damit Verhaltensauffälligkeiten, die durch sexuellen Missbrauch entstanden sind, nicht auf den Autismus geschoben werden. Ich möchte sogar die These wagen, dass Autismus eine Folgeerscheinung sexuellen Missbrauchs sein kann. Dadurch, dass die medizinische Diagnostik bei bestimmten Auffälligkeiten Autismus feststellt, werden Ursachen nicht weiter untersucht. Deshalb werden diese Kinder zu leichten Opfern.

2.6 Die Problematik der Intervention bei sexuellem Missbrauch von Menschen mit geistiger Behinderung

Das Erkennen von Signalen bei geistig behinderten Kindern, die auf sexuellen Missbrauch hindeuten, erweist sich wie eben dargestellt als wesentlich schwieriger als es ohnehin bei nichtbehinderten Kindern ist.

Am eindeutigsten lässt sich sexueller Missbrauch aufdecken, wenn es Tatzeugen gibt. Mitunter kommt es z.b. vor, dass eine andere Betreuungsperson hinzukommt, während ein Betreuer gerade einem geistig behinderten Mädchen seinen Penis in den Mund drückt. Es geschieht jedoch relativ selten, dass eine außenstehende Person Zeuge bzw. Zeugin der Tat wird.

Ein mündlicher Bericht wäre ein weiterer deutlicher Anhaltspunkt für sexuellen Missbrauch. FEGERT (1993) geht davon aus, dass Kinder in der Regel immer nur das erzählen, was sie auch selbst schon mal erlebt haben. Nun ist es aber bei geistig behinderten Kinder häufig der Fall, dass sie sich schlecht äußern können. Wenn Sprachbarrieren bestehen, können manche Kinder nicht von ihren Missbrauchserfahrungen erzählen. Es besteht auch oftmals das Vorurteil, dass geistig behinderte Kinder häufig lügen und Falschaussagen machen.

In den meisten Fällen, in denen sexueller Missbrauch vermutet wird, muss demzufolge auf nonverbale Signale zurückgegriffen werden. Dazu gehören auch Zeichnungen, wobei man nicht immer davon ausgehen kann, dass behinderte Kinder differenziert zeichnen können. Aber auch beim Spielen und besonders in Rollenspielen können nonverbale Signale geäußert werden, die auf sexuellen Missbrauch hinweisen (vgl. SELIGMANN 1996, 93).

Im Zusammenhang mit Verhaltensauffälligkeiten wurde bereits in Kapitel 3.5 bei den Folgen erwähnt, dass es sehr schwierig ist, auffälliges Verhalten richtig zu deuten und dass es oftmals Fehlinterpretationen gibt. Es wird in vielen Fällen immer unklar bleiben, ob ein bestimmtes Verhalten eine Folgeerscheinung sexuellen Missbrauchs oder eine Sekundärschädigung der Behinderung ist (vgl. SELIGMANN 1996, 94).

Ein Kind braucht im Durchschnitt sieben Anläufe, bis es gehört wird (s. Kapitel 2.3.1). Bei geistig behinderten Kindern ist diese Zahl mit Sicherheit bedeutend höher, da durch eine soziale Isolation AnsprechpartnerInnen fehlen.

Eine weitere Schwierigkeit bei der Aufdeckung sexuellen Missbrauchs bei geistig behinderten Kindern ist die Schuld, die den Kindern unterschwellig oft zugeschoben wird. V.a. ein Kind, das distanzlos auf andere Menschen zugeht, wird zu hören bekommen, es hätte provoziert und den Täter bzw. die Täterin verführt.

Sollte jedoch ein Verdacht erhärtet sein und dem Kind geglaubt werden, wird spätestens bei der Kriminalpolizei die Frage der Glaubwürdigkeit aufgeworfen.

Trotz dieser frustrierenden Interventionsschwierigkeiten und selbst wenn aufgrund mangelnder Beweise eine Veränderung der Lebensbedingungen des geistig behinderten Opfers nicht möglich ist, so bekommt das Kind doch einen enormen seelischen Halt, wenn es eine Vertrauensperson hat, die ihm glaubt.

Unumgänglich sind spezielle Fachkenntnisse in der therapeutischen Arbeit mit geistig behinderten Menschen, die sexuell missbraucht wurden und diese Erlebnisse nun aufarbeiten wollen. Die Zahl derer, die auch nur minimal Kenntnisse darüber haben ist nach den Erfahrungen von WENDEPUNKT E.V. leider noch verschwindend gering.

3 Juristische Aspekte

Um die Möglichkeiten eines Strafverfahrens genauer zu analysieren, stehen in diesem Kapitel juristische Aspekte bei sexuellem Missbrauch von geistig behinderten Menschen im Mittelpunkt.

3.1 Das Recht auf sexuelle Selbstbestimmung von geistig behinderten Menschen

„Jeder Mensch, unabhängig von Alter, Aufenthaltsort, psychischem und physischen Zustand hat das Recht über sein sexuelles Leben selbst zu bestimmen" (HEINZ-GRIMM 1999, 352). Dieses Recht ergibt sich aus Art. 2 Grundgesetz (GG), nach dem jedem Menschen die freie Entfaltung seiner Persönlichkeit zusteht. Davon dürfen geistig behinderte Menschen nicht ausgeschlossen werden, denn nach Art. 3 Abs. 3 GG darf niemand wegen seiner Behinderung benachteiligt werden.

Die in §§ 174-184 StGB zusammengefassten Straftaten gegen die sexuelle Selbstbestimmung machen keinen Unterschied hinsichtlich Personen mit einer geistigen Behinderung. Nachfolgend werden einige Vorschriften erläutert, die sexuellen Missbrauch an Kindern mit geistiger Behinderung unter Strafe stellen.

3.2 Straftaten gegen die sexuelle Selbstbestimmung

3.2.1 Begriffsbestimmungen nach § 184c StGB

Obwohl es in § 184c StGB Begriffsbestimmungen zu sexuellen Handlungen gibt, sind diese relativ, da die Erheblichkeit eine Rolle spielt und das jeweils geschützte Rechtsgut zu bestimmen ist. Laut HEINZ-GRIMM (1999) ist Erheblichkeit gegeben bei „Beischlaf, beischlafähnlichen heterosexuellen oder gleichgeschlechtlichen Ersatzhandlungen, Betasten der weiblichen Brust, Entblößen oder Betasten des Geschlechtsteiles eines anderen, auch über Kleidern, Anfassen des nackten Körpers in der Nähe des Geschlechtsteiles oder der Schambehaarung, gegenseitiges, gleichzeitiges oder einem anderen gezeigtes Onanieren, gewaltsamen Zungenkuß" (HEINZ-GRIMM 1999, 351). Es muss aber in jedem auftretendem Fall untersucht werden, ob es um eine sexuelle Handlung geht und es wird ein eindeutiger Sachverhalt vorausgesetzt.

3.2.2 Sexueller Missbrauch Schutzbefohlener

§ 174 StGB stellt den sexuellen Missbrauch von Schutzbefohlenen unter Strafe. „Das Rechtsgut, das hier geschützt werden soll, ist die ungestörte sexuelle Entwicklung von Kindern und Jugendlichen, die innerhalb bestimmter Unterordnungs- und Abhängigkeitsverhältnisse wegen der erhöhten Anfälligkeit des Opfers gegen sexuelle Übergriffe der Autoritätsperson besonderen Schutz bedürfen" (ZEMP 1997, 212). Voraussetzung für die Strafbarkeit ist in diesem Fall eine gewisse Verantwortung der Eltern oder sonstigen BetreuerInnen.

Abs.1 dieses Paragrafen erfasst sexuelle Handlungen mit Körperkontakt zwischen der Betreuungsperson und der/dem Minderjährigen, wobei ohne weitere Voraussetzung nach Abs. 1 Nr. 1 hier ein Schutzalter bis 16 Jahre gilt. Für den Fall des Missbrauchs der Abhängigkeit wird das Schutzalter laut Abs. 1 Nr. 2 auf 18 Jahre erhöht.

§ 174 Abs. 2 StGB stellt sexuelle Handlungen ohne körperliche Berührung, und zwar entweder vor dem/der Minderjährigen oder des/der Minderjährigen vor der Betreuungsperson unter Strafe. Bestraft werden also auch sexuelle Handlungen, bei denen kein Körperkontakt stattgefunden hat.

3.2.3 Sexueller Missbrauch in vollstationären Einrichtungen

Die Vorschrift des § 174a StGB schützt Menschen, die in vollstationären Einrichtungen leben, vor ungewollten sexuellen Kontakten, die mit einer körperlichen Berührung verbunden sind. Unabhängig von Alter und Geschlecht dürfen Menschen in einer vollstationären Einrichtung nicht von MitarbeiterInnen dieser Einrichtung „unter Mißbrauch der Krankheit oder Hilfebedürftigkeit oder auch der beruflichen Stellung ausgenutzt werden" (HEINZ-GRIMM 1999, 353).

3.2.4 Ausnutzung eines Beratungs-, Behandlungs- und Betreuungsverhältnisses

§ 174c StGB stellt den sexuellen Missbrauch in Betreuungsverhältnissen unter Strafe. Betreuungsverhältnisse bestehen laut diesem Paragrafen dann, wenn eine Person aufgrund einer geistigen oder seelischen Krankheit oder Behinderung einer anderen Person zur Beratung, Behandlung oder Betreuung anvertraut ist. Es sollen damit u.a. geistig behinderte Menschen geschützt werden, die zu anderen Menschen in einem Abhängigkeitsverhältnis stehen. Straffällig wird, wer „die Gelegenheit, die sich eben durch das besondere Verhältnis begründete Vertrauensstellung bietet, unter Verletzung der damit verbundenen Pflichten, bewusst zu sexuellen Kontakten mit der ihm anvertrauten Person ausnutzt" (HEINZ-GRIMM 1999, 354). Bestraft werden sexuelle Handlungen, die an der zu schützenden Person vorgenommen werden oder die der/die BetreuerIn an sich vornehmen lässt.

Nach dem Willen des Gesetzgebers ist dies ein Offizialdelikt, d.h. die Strafverfolgung erfolgt im öffentlichen Interesse ohne dass das Opfer Strafantrag stellen muss. Das besondere öffentliche Interesse wird selten verneint, sodass es so gut wie nie Fälle gibt, in denen keine Strafverfolgung durchgeführt wird.

3.2.5 Sexueller Missbrauch an Kindern

Laut § 176 StGB ist sexueller Missbrauch eine sexuelle Handlung vor, an oder mit Kindern unter 14 Jahren und dies wird bestraft. Geistig behinderte Opfer sexuellen Missbrauchs sind jedoch oft älter und damit kann dieser Paragraf auch nur für geistig behinderte *Kinder* gelten. Sobald ein geistig behindertes Kind das 14. Lebensjahr erreicht hat, greift der oben benannte § 174 StGB, der den Missbrauch von Schutzbefohlenen unter Strafe stellt. Damit sollen Kinder geschützt werden, die schon älter als 14 Jahre sind und die nicht mehr unter § 176 StGB fallen.

3.2.6 Sexuelle Nötigung; Vergewaltigung

Wird bei der Missbrauchstat zusätzlich Gewalt angewendet in Form von körperlicher Gewalt oder durch Drohung mit gegenwärtiger Gefahr für Leib und Leben, so spricht man von Vergewaltigung. Gemäß § 177 StGB gibt es hierfür keine Altersgrenze.

Das Gericht muss jeweils nachprüfen, ob Gewalt angewendet wurde oder ob eventuell ein anderer Paragraf eingreift, der die jeweilige Tat unter Strafe stellt. Die Verjährungsfristen und das Strafmaß können entsprechend variieren (s. Kapitel 4.2.9).

3.2.7 Sexueller Missbrauch widerstandsunfähiger Personen

§ 179 StGB sieht einen besonderen Schutz vor für Menschen, die nicht in der Lage sind, einen eigenen Widerstandswillen zu bilden. Schon in § 177 StGB wurde der Schutz geistig behinderter Menschen vor unerwünschten sexuellen Übergriffen verbessert, indem als weiteres Tatmittel nun auch die Ausnutzung einer Lage, in der das Opfer der Einwirkung des Täters schutzlos ausgeliefert ist gilt. „Zweck des § 179 StGB, der ausdrücklich die Ausnutzung widerstandsunfähiger Menschen unter Strafe stellt, sei, neben dem § 177 StGB einen zusätzlichen Strafschutz im Interesse der Menschen mit Behinderung zu gewährleisten" (HEINZ-GRIMM 1999, 359).

Die Ausnutzung der Widerstandslosigkeit wird in § 179 StGB dem Brechen der Widerstandskraft gleichgestellt. Psychische Widerstandsunfähigkeit, wie sie bei geistig behinderten Menschen auftreten kann, „wird in Anlehnung an die sog. Biologischen Merkmale der Schuldunfähigkeit in § 20 StGB beschrieben" (ZEMP 1997, 219). § 179 StGB fordert in jedem Fall, dass der Täter bzw. die Täterin Kenntnis von der geistigen Behinderung und Widerstandsunfähigkeit des Opfers hat. Dies lässt sich sicherlich nicht immer nachweisen (vgl. HEINZ-GRIMM 1996, 435f.).

„Wenn der Täter [oder die Täterin] die Widerstandsunfähigkeit bei seinem Opfer vorfindet und sie ausnutzt, hält das Gesetz das nicht für ein so gravierendes Verbrechen wie die Gewaltanwendung" (HEINZ-GRIMM 1996, 435). Dieses sogenannte Zweiklassenstrafrecht in §§ 177, 179 StGB ist fatal, da einem Täter bei Anwendung sexueller Gewalt gegen widerstandsunfähige Menschen eine Mindeststrafe von 6 Monaten droht, bei widerstandsfähigen Menschen wird ein vergleichbarer Übergriff mit einer Freiheitsstrafe nicht unter einem Jahr geahndet! Das führt sogar soweit, dass in der Öffentlichkeit Aussagen auftauchen, wie: „...wer beim sexuellen Missbrauch Wehrlosigkeit ausnutzt, bekommt Strafrabatt" (MÖßNER 2001).

Laut PROF. DR. JUR. THERESIA DEGENER (Tagung „Sexualität bei Menschen mit geistiger Behinderung", 2001 in Rostock) hat eine Untersuchung des Bundesjustizministeriums zur Rechtsprechung des § 179 StGB zudem ergeben, dass Richter bei geistig behinderten Menschen von vornherein von einer Widerstandsunfähigkeit ausgehen, sodass der Tatbestand der Vergewaltigung nach § 177 StGB gar nicht erst geprüft wird. Damit wird geistig behinderten Menschen die Willensbildung in Sachen Sexualität abgesprochen.

Kritisch betrachtet kann dieses Gesetz zudem dazu führen, dass schwer geistig behinderten Menschen sexuelle Kontakte völlig unmöglich gemacht werden. Es muss also immer ein Mittelweg gefunden werden zwischen dem Grundrecht auf die freie Entfaltung der Persönlichkeit und dem Schutz eines geistig behinderten Menschen vor sexueller Gewalt (vgl. BRILL 1998, 57).

3.2.8 Förderung sexueller Handlungen Minderjähriger

§ 180 StGB stellt die Förderung sexueller Handlungen Minderjähriger unter Strafe. Diese Vorschrift stellt denjenigen unter Strafe, der sexuelle Handlungen anderer fördert, wobei mindestens ein(e) Beteiligte(r) das entsprechende Schutzalter noch nicht überschritten haben darf. Zu der sexuellen Handlung muss es nicht gekommen sein. Hat eine Person aufgrund
ihrer Betreuungs- und Aufsichtspflicht eine Garantenstellung, so hat sie auch die Rechtspflicht, sexuelle Handlungen zu verhindern.

Bei dieser Vorschrift wird oftmals bemängelt, dass die Altersbeschränkung auf Personen unter 18 Jahren im Hinblick auf geistig behinderte Menschen nicht weitgehend genug ist (vgl. HEINZ-GRIMM 1996, 432).

3.2.9 Strafmaß und Verjährungsfristen

Die nachfolgende Tabelle soll eine Übersicht über die unterschiedlichen Verjährungsfristen und das jeweilige Strafmaß der erläuterten Paragrafen geben:

Straftaten gegen die sexuelle Selbstbestimmung von Menschen mit geistiger Behinderung nach dem Strafgesetzbuch Strafmaß und Verjährungsfristen

Paragraf	Strafmaß	Verjährungsfrist
§ 174 Abs.1	1 Monat bis 5 Jahre Freiheitsstrafe oder Geldstrafe	5 Jahre nach Beendigung der Tat
§ 174 Abs.2	s.o.	s.o.
§ 174Abs.3	s.o.	s.o.
§ 174c Abs.1+2	s.o.	s.o.
§ 176 Abs.1+2	6 Monate bis 10 Jahre Freiheitsstrafe. (in minder schweren Fällen: 1 Monat bis 5 Jahre Freiheitsstrafe oder Geldstrafe)	10 Jahre nach Beendigung der Tat. Ruhen bis Volljährigkeit. (In minder schweren Fällen: 5 Jahre)
§ 176 Abs.3	1 Monat bis 5 Jahre oder Geldstrafe	5 Jahre nach Beendigung der Tat. Ruhen bis Volljährigkeit.
§ 176a	1 bis 15 Jahre Freiheitsstrafe (in minder schweren Fällen: 3 Monate bis 5 Jahre)	20 Jahre nach Beendigung der Tat. Ruhen bis Volljährigkeit. (In minder schweren Fällen: 5 Jahre)
§ 176b	10-jährige bis lebenslange Freiheitsstrafe	30 Jahre nach Beendigung der Tat.
§ 177	1 bis 15 Jahre Freiheitsstrafe (In minder schweren Fällen: 6 Monate bis 5 Jahre)	20 Jahre nach Beendigung der Tat. Ruhen bis Volljährigkeit. (In minder schweren Fällen: 5 Jahre)
§ 179	6 Monate bis 15 Jahre Freiheitsstrafe (in minder schweren Fällen: 3 Monate bis 5 Jahre)	10 oder 20 Jahre (je nach Strafmaß) nach Beendigung der Tat. Ruhen bis Volljährigkeit.

3.3 Strafanzeige – Ja oder Nein?

3.3.1 Das Strafverfahren

Sexueller Missbrauch von Kindern und Jugendlichen ist, wie bereits dargelegt, gemäß §§ 174-184c StGB strafbar. Jedoch ist niemand, auch nicht das Jugendamt, gemäß § 138 Abs. 1 StGB dazu verpflichtet, ein Strafverfahren anzuregen. Die Sorgeberechtigten und das Jugendamt sind verpflichtet, Kinder zu schützen und eine Fortsetzung des bekannt gewordenen Missbrauchs zu verhindern. Dies kann auch dadurch geschehen, dass der/ die TäterIn vom Opfer ferngehalten wird. Es muss keine Gerichtsentscheidung sein. „Sorgeberechtigte und Personen, bei denen das Kind lebt, machen sich [dann] wegen Beihilfe zum sexuellen Kindesmißbrauch strafbar, wenn sie, obwohl sie vom Mißbrauch wissen, das Kind nicht effektiv schützen" (MARQUARDT 1993, 91). Dies ist eine Straftat nach §§ 174ff. i.V.m. § 13 StGB, da die Garantenstellung verletzt wird.

In dringenden Fällen kann eine Unterlassungsklage erhoben werden, denn gemäß §§ 823 und 1004 BGB kann das Gericht innerhalb weniger Stunden eine einstweilige Verfügung gegen den/die TäterIn erlassen. Diese(r) muss dann z.B. einen gewissen Mindestabstand zum Opfer einhalten.

Die Strafverfolgungsbehörde muss immer ermitteln, wenn sie von einem Fall des sexuellen Missbrauchs erfährt (§§ 152 Abs. 2, 160 Abs. 1, 163 Abs. 1 Strafprozessordnung - StPO). Sollte es durch die Ermittlungen zu einem hinreichenden Tatverdacht kommen, wird die Staatsanwaltschaft beim zuständigen Gericht Anklage erheben (§§ 170 Abs. 1, 199 Abs.1 StPO). Das Gericht muss dann entscheiden, ob das Verfahren eröffnet und die Tat verhandelt wird. Ziel eines Strafverfahrens ist bedauerlicherweise immer noch ausschließlich die Bestrafung des Täters und nicht der Schutz des Opfers!

„Strafverfahren sind geprägt von dem Grundsatz, dass einem Täter die Tat nachgewiesen werden muß. Es gilt das Gebot der Unschuldsvermutung" (HEINZ-GRIMM 1999, 361). Unglücklicherweise ist es in Fällen des sexuellen Missbrauchs meist der Fall, dass das Opfer auch der einzige Zeuge ist und es ansonsten kaum Beweismittel gibt.
Es gibt aber erfreulicherweise neuerdings auch die Möglichkeit, die Vernehmung auf Video aufzuzeichnen, um die Belastung des Opfers etwas geringer zu halten (§§ 247a, 255a, 58a StPO).
Man muss aber darauf eingestellt sein, dass dem/der TäterIn die Tat nicht nachgewiesen werden kann und damit keine Verurteilung erfolgt.

Sinnvoll ist es, bei einem Verfahren Nebenklage einzureichen (vgl. § 395ff. StPO). Dadurch besteht dann u.U. die Möglichkeit, eine(n) RichterIn wegen Befangenheit abzulehnen (§ 24 StPO). Genauso können Sachverständige abgelehnt werden (§ 74 StPO). In der Verhandlung besteht über die

Nebenklage ein Fragerecht (§ 240 StPO) und das Opfer hat das Recht auf die ausschließliche Befragung durch den Vorsitzenden (§ 241a StPO). Auch das Recht zur Klage auf Schmerzensgeld (§ 403ff. StPO) ist ein Vorteil, den eine eingereichte Nebenklage mit sich bringt (vgl. BALZER 1998, 111ff.).

FEGERT (2001) hat in seiner neuesten Studie über institutionelle und individuelle Reaktionen auf sexuellen Missbrauch festgestellt, dass die Dauer eines Verfahrens alarmierend lange ist und dass die Opfer selten aktiv über den Verfahrensstand aufgeklärt werden (vgl. ebd. 2001, 204). Sollte es zu einer Anzeige kommen, so ist es wichtig amtliche und gerichtliche Entscheidungen dem Kind immer mitzuteilen. Kinder sollten unaufgefordert über Verfahrensstände aufgeklärt werden. Strafverfahren werden FEGERTS Untersuchung nach häufiger bei außerfamiliären Taten eingeleitet.

3.3.2 Negative Aspekte einer Strafanzeige

Wie bereits erwähnt ist niemand gesetzlich verpflichtet, eine Strafanzeige zu erstatten. Ein Strafverfahren wird in den Beratungsstellen nur selten angeregt, da es oft ein langwieriges Verfahren werden kann, bei dem das Opfer erneut traumatisiert wird, weil es immer wieder fremden Personen die Geschehnisse schildern muss. Oftmals lässt die Strafverfolgungsbehörde ein Glaubwürdigkeitsgutachten erstellen (s. nachfolgendes Kapitel), wodurch der/die Traumatisierte das Gefühl bekommt, es wird ihm/ihr nicht geglaubt. Der Grundsatz „in dubio pro reo" (im Zweifel für den Angeklagten) macht es dem Opfer besonders in den Fällen schwer, in denen es der einzige Zeuge ist und es keine stichhaltigen Beweise gibt. Und dies ist leider meistens der Fall.

Eine Bewährungsstrafe, die regelmäßig bei einem Strafmaß unter zwei Jahren verhängt wird, wird vom Opfer als „Hohn" erlebt, weil er oder sie eventuell ihr Leben lang mit den Folgen konfrontiert wird und der/die TäterIn sich in Freiheit befindet. Also selbst wenn es zu einer Verurteilung kommt, kann damit der/dem Traumatisierten kaum geholfen werden.

Meist scheitert ein Strafverfahren, bei dem ein geistig behinderter Mensch Opfer ist jedoch schon bei der Glaubwürdigkeitsbegutachtung, wie nachfolgend dargestellt.

3.3.3 Die Glaubwürdigkeit

„Die Glaubwürdigkeitsdiskussion, die vor allem im strafrechtlichen Zusammenhang ihren Sinn hat, ist allgemein zum Zentrum des Streits bei der rechtlichen Bewältigung von Missbrauchsfällen geworden" (FEGERT 1993, 45).

Gerade bei Menschen mit geistiger Behinderung spielt in einem strafrechtlichen Verfahren die Glaubwürdigkeit eine große Rolle. „Menschen verarbeiten, erinnern und tauschen Informationen mehr oder weniger gut aus und zwar in Abhängigkeit von zahlreichen Variablen, die die Situation und das Individuum beeinflussen" (HEINZ-GRIMM 1999, 363). Nun kann man zu dem Schluss kommen, dass Menschen mit geistiger Behinderung ein weniger ausgeprägtes Erinnerungsvermögen haben als andere Menschen. Ihre Aussagen sind aber durchaus glaubwürdig, da sie durch die geringe Verbalisierungsfähigkeit nicht so sehr ausschmücken. Menschen übernehmen mit zunehmendem Alter Vorurteile, die dann ihre Wahrnehmung und Erinnerung beeinflussen. Bei geistig behinderten Menschen ist dies weniger der Fall (vgl. ebd. 363ff.).

Wenn das Opfer der/die einzige ZeugIn ist, wird in der überwiegenden Zahl der Fälle ein Glaubwürdigkeitsgutachten erstellt. Fällt dieses positiv aus, ist dies keine Garantie für die Verurteilung des Täters, negative Gutachten führen jedoch meist zur Einstellung des Verfahrens.
Sowohl geistig behinderte Kinder als auch nichtbehinderte Kinder vergessen Ereignisdetails im Laufe der Zeit. Wenn dann der Abstand zwischen Erstaussage bei der Kriminalpolizei und der Aussage vor Gericht sehr groß ist, kann es vorkommen, dass noch mehr Details vergessen werden. Vor allem zeitliche Abfolgen kann sich jeder Mensch nur schwer merken.

Bei einem Glaubwürdigkeitsgutachten werden diverse Tests über die Realistik, Konstanz, Widerspruchslosigkeit, Suggestibilität, Konzentration und Lügentendenz der Kinder durchgeführt. Bei geistig behinderten Menschen ist es von entscheidender Bedeutung, „die kognitiven Stärken und Schwächen der/des Betreffenden zum Tatzeitpunkt festzustellen" (HEINZ-GRIMM 1999, 363).

Bevor man eine Anzeige erstattet sollte man darauf achten, das Opfer nicht zu sehr über den Missbrauch zu befragen, da sonst bei einem Glaubwürdigkeitsgutachten die Beeinflussung durch Suggestivfragen zur Last gelegt werden kann (vgl. FEGERT 1993, 45ff.).

Auch das nachfolgende Zitat über Verhältnisse vor Gericht lässt darüber nachdenken, ob eine Strafanzeige sinnvoll ist:

> Einerseits wird ihnen [den geistig behinderten Menschen] aufgrund der Intelligenzminderung der Geisteszustand eines kleinen Kindes unterstellt; andererseits findet aber bei der Begutachtung der Glaubwürdigkeit die körperliche Reife, die sexuelle Entwicklung und soziosexuelle Erfahrung der jugendlichen oder erwachsenen geistig behinderten Menschen durchaus Berücksichtigung (BUNDESVEREINIGUNG LEBENSHILFE E.V. 1999, 120).

Diese Aspekte sind zusätzlich zu berücksichtigen, wenn man sich für eine Anzeige gegen den/die TäterIn entscheiden möchte.

4 Prävention sexuellen Missbrauchs bei geistig behinderten Kindern

Damit es gar nicht erst zu einem sexuellem Missbrauch kommen muss, werden in diesem Kapitel die Präventionsmöglichkeiten theoretisch dargestellt. Dadurch soll verdeutlicht werden, inwiefern ein Umdenken stattfinden muss, um das Risiko des sexuellen Missbrauchs an geistig behinderten Mädchen und Jungen zu verringern. Es werden Begriffe vorgestellt, die immer wieder im Zusammenhang mit Präventionsarbeit auftauchen und es werden allgemeine Grundsätze, die Erziehungshaltung sowie die Bedeutung des Umfeldes aufgezeigt. Am Schluss findet eine kritische Betrachtung der vorgestellten Präventionstheorien statt. Dieses Kapitel bildet die Grundlage, auf welcher die Präventionseinheiten für die Schulklassen entwickelt wurden.

4.1 Theoretische Aspekte der Prävention

Die vorangehenden Kapitel haben verdeutlicht, dass sexueller Missbrauch von geistig behinderten Kindern existiert und nachfolgend soll gezeigt werden, dass das Risiko, sexuell missbraucht zu werden, für geistig behinderte Kinder gezielt veränderbar ist.

Das Wort Prävention kommt aus dem Lateinischen „pre-venire" und heißt vorbeugen bzw. verhüten. Damit ist pädagogisches Handeln gemeint, *bevor das Kind in den Brunnen gefallen ist.* Kinderrechte und die Achtung dieser sollen durchgesetzt werden. Ziel ist eine Stabilisierung des Selbstwertgefühls.

Prävention orientiert sich immer an dem, was verhindert werden soll. Daher muss man sich zunächst damit beschäftigen, was sexueller Missbrauch ist, was die Opfer erleben und wie die TäterInnen handeln. Zusammenfassend könnte man sagen: „Die Präventionsthemen sind die Antwort der Pädagogik auf Täterstrategien und missbrauchsbegünstigende Umstände" (STROHHALM E.V. 2001, 37). Genau diese Themen wurden in den vorangegangenen Kapiteln bearbeitet und nun soll deutlich gemacht werden, dass es durchaus Wege zur Minimierung der Missbrauchsrisiken gibt.

Es gibt **drei** verschiedene **Stufen der Prävention**:

1. Die Primäre Prävention, bei der es darum geht, den sexuellen Missbrauch im Vorfeld durch Stärkung der Kinder zu verhindern.

2. Die Sekundäre Prävention, bei der sichergestellt werden soll, dass sexueller Missbrauch möglichst früh erkannt wird. Hierbei steht u.a. die Sensibilisierung von Bezugspersonen im Mittelpunkt.

3. Die Tertiäre Prävention zur Verhinderung von Sekundärschädigungen. Man bezeichnet diesen Bereich heutzutage eher als Intervention, denn er

besteht aus eingreifenden Maßnahmen und beratenden oder therapeutischen Angeboten, damit die Folgen möglichst gering gehalten werden.

In den nachfolgenden Kapiteln soll der Schwerpunkt auf die Primäre Prävention gelegt werden, da es bedeutsam ist, sexuellen Missbrauch an Mädchen und Jungen von vornherein zu verhindern.

Sind Kinder sich ihrer Rechte bewusst, so gelingt es ihnen eher, das Verhalten von Erwachsenen kritisch zu betrachten. Eine Vorbedingung für präventive Arbeit ist es, aktiv für die Kinder Partei zu ergreifen.

Man muss aber im Hinterkopf behalten, dass nicht nur die Kinder stabilisiert werden müssen, sondern auch Eltern Sensibilität brauchen, um Fälle von Missbrauch frühzeitig zu erkennen. Veränderungen müssen demnach auf mehreren Ebenen sowohl in der Erziehung als auch in der Gesellschaft angestrebt werden.

Leider lastet jedoch ein zu großer Druck auf der Präventionsarbeit, da alle gesellschaftlichen Faktoren, die sexuellen Missbrauch begünstigen, berücksichtigt werden sollen. Dies ist bis heute nicht zu leisten. Dadurch entsteht eine Resignation, weil vor der Übermacht der Verhältnisse kapituliert wird. „Prävention im pädagogischen Bereich kann die gesellschaftlichen Faktoren, die sexuellen Missbrauch fördern, und die individuellen Motive von Tätern nicht aufheben" (STROHHALM E.V. 2001, 50). Und es darf nicht erneut alle Verantwortung auf die Pädagogik abgeschoben werden, Missbrauchstaten zu verhindern.

Prävention muss sich auch theoretisch begründen lassen. Die Theorie darf aber nicht so anspruchsvoll sein, dass sie kaum mit der Praxis verbunden werden kann.

Die UN-Kinderrechtskonvention legt weltweite Präventionsarbeit in ihrem Postulat von Art. 34 fest, welches folgendes beinhaltet:
Die Vertragsstaaten verpflichten sich, das Kind vor allen Formen sexueller Ausbeutung und sexuellen Missbrauchs zu schützen. Zu diesem Zweck treffen die Vertragsstaaten alle geeigneten innerstaatlichen, zweiseitigen und mehrseitigen Maßnahmen, um zu verhindern, dass Kinder a) zur Beteiligung an rechtswidrigen sexuellen Handlungen verleitet oder gezwungen werden, b) für die Prostitution oder anderer rechtswidriger sexueller Praktiken ausgebeutet werden, c) für pornografische Darbietungen und Darstellungen ausgebeutet werden (FEGERT/ BERGER/ KLOPFER/ LEHMKUHL 2001, 22).

Rechtliche Grundlage für Präventionsarbeit in Deutschland ist v.a. § 1 Abs.3 Nr.3 Achtes Sozialgesetzbuch (SGB VIII) nach dem Kinder und Jugendliche vor Gefahren für ihr Wohl geschützt werden sollen. In § 14 SGB VIII wird diese Vorschrift konkretisiert.

Auch die Finanzierung von Prävention ist in § 74 SGB VIII i.V.m. § 26 AG SGB VIII (Ausführungsgesetz zum SGB VIII) rechtlich geregelt. Danach sollen unter bestimmten Voraussetzungen freiwillige Tätigkeiten auf dem Gebiet der Jugendhilfe gefördert werden.

Jeder Mensch hat aus Art.1 Abs. 1 Grundgesetz ein Recht auf Achtung seiner Menschenwürde. Sexueller Missbrauch an Kindern mit oder ohne geistige Behinderung stellt auf jeden Fall ein krasse Verletzung dieser Menschenwürde dar. Kinder haben daher nach umstrittener Auffassung einen Schutzanspruch gegen den Staat und ein Recht auf präventive Erziehung.

Auch das Strafrecht trägt zur Prävention sexuellen Missbrauchs z.B. durch Strafandrohung bei. Die bestehenden und 1998 verschärften Strafgesetze haben generalpräventive Wirkung auf potentielle TäterInnen. Diese Wirkung wird aber häufig dadurch abgeschwächt, dass TäterInnen davon ausgehen, nicht überführt zu werden oder damit rechnen, dass sie ohnehin nicht angezeigt werden, weil das Kind in einem Strafverfahren – wie schon erwähnt – sehr großen Belastungen ausgesetzt wird.

Seit der Schaffung des neuen Rehabilitationsrechtes wurden mit dem § 44 SGB IX die sogenannten *Übungen für behinderte Frauen und Mädchen, die der Stärkung des Selbstbewusstseins dienen*, eingeführt. Diese „sollen als ergänzende Leistung zur beruflichen oder medizinischen Rehabilitation gewährt werden" (DEGENER 2002, 603).

In zunehmendem Maße akzeptieren Eltern und Mitarbeiter im Behindertenbereich das Bedürfnis und Recht des geistig behinderten Menschen auf Sexualität und Partnerschaft. Damit sollte dann auch die Aufmerksamkeit auf die Prävention von sexuellem Missbrauch gerichtet werden.

Bedeutsam ist es auf jeden Fall, zu wissen, dass durch Präventionsarbeit auch **Fälle aufgedeckt werden können** und dass man dann kompetente Fachkräfte haben muss oder zumindest die Betroffenen an geeignete Stellen weiterverweisen kann.

Auf der Grundlage dessen, dass Prävention Lebensfreude ausdrücken soll anstatt die Kinder zu verängstigen und dass sie in ihren Rechten und Kompetenzen gestärkt werden, soll in diesem Kapitel darauf eingegangen werden, welche Präventionsmöglichkeiten es unter der besonderen Berücksichtigung von geistig behinderten Kindern gibt. Dabei liegt der Schwerpunkt auf der Opferprävention, obwohl es mindestens genauso wichtig ist, Täterprävention durchzuführen. Die Arbeit gegen sexuelle Gewalt muss sich auch an potentielle oder tatsächliche TäterInnen wenden. Dies ist jedoch ein anderer Ansatz und Blickwinkel und hier soll der Schwerpunkt auf die Opferprävention gelegt werden.

4.2 Allgemeine Präventionsgrundsätze

In den Publikationen über Prävention von sexuellem Missbrauch haben sich die folgenden Grundsätze durchgesetzt, die eine Antwort der Pädagogik auf Täterstrategien und missbrauchsbegünstigende Umstände sind und auf die nun im Einzelnen eingegangen wird (vgl. BRAUN 1999; vgl. HOCHHEIMER 1998, 33ff.; vgl. KOCH/KRUCK 2000, 41f.; vgl. STROHHALM E.V. 2001, 35ff.). Dabei wird auch Bezug auf geistig behinderte Kinder genommen.

4.2.1 Dein Körper gehört dir

Dieser Teil der Prävention soll den Kindern durch altersangemessenes Wissen über ihren Körper und über sexuelle Vorgänge Schutz bieten. Ein positives Verhältnis und entwicklungsangemessenes Wissen über den eigenen Körper sind dabei von besonderer Bedeutung, um zu spüren, wann er geschützt werden muss. Die Kinder müssen die Erfahrung machen, dass Erwachsene es akzeptieren, wenn sie als Kind selbst bestimmen, wann, wo und wie sie berührt werden wollen. Auch muss ihnen in diesem Zusammenhang der Unterschied zwischen Mädchen und Jungen, Männern und Frauen gezeigt werden.

4.2.2 Vertraue deinem Gefühl

Das Erkennen und Respektieren der eigenen Gefühle und der Gefühle anderer ist das grundlegende Ziel dieses Präventionsthemas. Gefühle und ihr Ausdruck sollen in der Erziehung eine große Bedeutung haben, denn Gefühle sind notwendig, um Gefahren wahrzunehmen und Schutzmechanismen zu entwickeln. Kinder sollen von klein auf zwischen guten und schlechten Gefühlen unterscheiden lernen, damit ihnen bewusst wird, dass ein ungutes Gefühl bedeuten kann, dass etwas nicht stimmt (vgl. STROHHALM E.V. 2001, 40ff.).

Kinder sollen bestärkt werden, mit ihren schlechten Gefühlen nicht alleine zu bleiben. Hierzu gehört auch, dass Erwachsene die Gefühle von Mädchen und Jungen ernst nehmen. Viel zu oft werden die Gefühle von Kindern und besonders von behinderten Kindern nicht ausreichend berücksichtigt, weil einem etwas anderes gerade wichtiger erscheint. Dann heißt es z.B.: *„War doch nicht so schlimm!"*, wenn ein Kind hingefallen ist und weint. Das Kind wird mit seinen Gefühlen nicht ernst genommen. Auf die gleiche Weise geht ein Täter bzw. eine Täterin vor. Die kindlichen Gefühle werden umgedeutet: *„Es gefällt dir doch auch!"*. Wenn das Kind ohnehin schon über eine verunsicherte Gefühlswelt verfügt, hat der/die TäterIn ein leichtes Spiel.

Gestärkt werden können Kinder mit und ohne Behinderung im Umgang mit ihren Gefühlen, indem ihre Vertrauenspersonen eine subjektive Wortwahl und die Ich-Form benutzen.

4.2.3 Angenehme und unangenehme Berührungen

Dieser Aspekt zum Thema Prävention ist sehr wichtig, denn wenn Kinder wissen, dass ihr Körper ihnen gehört, dann wissen sie auch, dass sie alleine über Berührungen an ihrem Körper entscheiden dürfen.

Das Phänomen der „Tantenküsschen" an Familienfesten ist sehr verbreitet und versetzt die meisten Kinder in ein unbehagliches Gefühl. Selbst wenn ein Küsschen von der Tante oder Oma eigentlich nur nett gemeint ist, ist es doch wichtig, dass Kinder schon in solchen Momenten wissen, dass nicht jeder sie immer und überall anfassen darf und sie sich auch wehren dürfen. Eltern müssen Partei für ihre Kinder ergreifen und ihnen nicht in den Rücken fallen mit Sätzen, wie *„Jetzt gib der Oma doch einen Kuss, sonst ist sie ganz traurig!"*.

Kinder müssen in diesem Zusammenhang „lernen zwischen >guten< und >schlechten< sowie merkwürdigen Berührungen zu unterscheiden und letztere selbstbewusst abweisen " (BRAUN 1992, 18). Dabei sollte den Kindern bewusst werden, dass es auch Übergänge geben kann. „Anfangs mag das Kitzeln noch spaßig sein, es kann aber sehr bald in ein sehr unangenehmes Gefühl umschlagen" (DEEGENER 1998, 192).

Bei der Erziehung von geistig behinderten Kindern wird oft der Fehler gemacht, diese zu lange klein zu halten, obwohl sie sehr viel mehr selbstständig machen könnten. Sie könnten sich in vielen Fällen selbst waschen, auch wenn es vielleicht nicht ganz so gründlich ist, wie wenn es ein Elternteil macht, aber so würden sie lernen, selbst über ihren Körper zu bestimmen.

4.2.4 Du darfst Nein sagen

Kinder haben genauso ihre Grenzen, wie erwachsene Menschen auch. Und deshalb haben auch sie das Recht, „NEIN" zu sagen und bestimmte Forderungen von Erwachsenen zurückzuweisen. Sie dürfen sich jederzeit wehren, wenn ihnen etwas unangenehm ist und darüber müssen sich auch geistig behinderte Kinder im Klaren sein. „Nicht die Motive der Erwachsenen sind hier entscheidend („Ich habe es doch nur lieb gemeint..."), sondern die Gefühle der Kinder" (STROHHALM E.V. 2001, 44).

Dieses Recht wird Spannungen und Herausforderungen für den familiären und den schulischen Alltag mit sich bringen. Wenn Kinder lernen sollen, NEIN zu sagen, so müssen Erwachsene auch ein NEIN von einem Kind akzeptieren können. Hierarchische Strukturen in der Schule verlangen von den Kindern, sich anzupassen. Andererseits soll aber auch jedes einzelne Kind lernen, sich durchzusetzen und Grenzen zu ziehen. Dies ist also ein Widerspruch in sich, der aber durch ein Nebeneinander dieser beiden Anforderungen besser umgangen werden kann als durch ein Gegeneinander. „Eine bewusste Erziehung zwischen kindlicher Selbstbestimmung und erwachsener Fürsorge fordert von beiden Seiten viel und strengt an" (STROHHALM E.V. 2001, 45).

Allerdings muss man den Kindern auch klar machen, dass sie das NEIN nur in wirklich wichtigen Situationen benutzen dürfen, damit es nie an Bedeutung verliert.

Geistig behinderte Kinder werden noch viel mehr zu Gehorsam erzogen und haben deshalb ein besonders großes Defizit im NEIN sagen. Auch ihnen muss man so oft wie möglich ihren Willen lassen oder ihnen wenigstens erklären, warum man gerade nicht auf ihren Wunsch eingehen kann. Dies ist wiederum ein Schritt in Richtung Selbstbestimmung, der nach wie vor nur schwer Umsetzung findet.

Es kann natürlich auch vorkommen, dass ein Kind in einer Situation des sexuellen Missbrauchs nicht NEIN sagen konnte: „dies sollte von ihnen nicht als Versagens- und Schuldgefühlen erlebt werden und sie zum Schweigen bringen, sondern sie sollten ermutigt werden, trotzdem den Eltern das Erlebte zu berichten, weil sie in ihrer kindlichen Wehrlosigkeit auch verstanden werden" (DEEGENER 1998, 193).

4.2.5 Es gibt gute und schlechte Geheimnisse

TäterInnen verwenden häufig Geheimnisse im Zusammenhang mit ihrer Missbrauchstat. Kinder lieben Geheimnisse, denn es ist sehr spannend und aufregend, mit einer Person ein Geheimnis zu teilen. Da aber oftmals bei sexuellem Missbrauch die Tat als Geheimnis dargestellt wird, ist es wichtig, den Kindern nahe zu bringen, dass es auch schlechte Geheimnisse gibt. Bei schlechten Geheimnissen hat in der Regel nur die eine Seite etwas davon und den Kindern ist es am liebsten, sie hätten das Geheimnis gar nicht.

Kinder sollten wissen, dass sie mit schlechten Geheimnissen nicht alleine bleiben müssen. Sie sollten nicht unnötig mit Geheimnissen belastet werden, auch wenn diese noch so banal sind. Sind sie viele Heimlichkeiten gewöhnt, werden sie über das Geheimnis mit dem Täter nicht weiter erstaunt sein.

Für einige geistig behinderte Kinder ist das Thema Geheimnisse eventuell zu abstrakt. In jedem Fall müssen konkrete Beispiele aus dem Alltag dieser Kinder gefunden werden, um zu verdeutlichen, welche Ereignisse besser weitergesagt werden sollten. Vielleicht reicht es auch aus, allgemein auf das Thema „Petzen" einzugehen und zu verdeutlichen, dass es in Ordnung ist, wenn man bestimmte Sachen weitersagt.

4.2.6 Du hast ein Recht auf Hilfe

Kinder sind täglich auf die Hilfe von Erwachsenen angewiesen. In einer Missbrauchssituation sind Kinder aber besonders hilflos. Damit taucht bei diesem Thema die Verantwortung der Erwachsenen für den Schutz der Kinder deutlich auf. Geistig behinderte Kinder sind unter Umständen in manchen Dingen noch hilfloser als nichtbehinderte Kinder. Aber selbst für Erwachsene gibt es Situationen, in denen sie Hilfe brauchen. Kinder sollten ermuntert werden sich immer Hilfe zu holen, wenn sie nicht mehr weiter wissen oder alleine nicht zurecht kommen. Dies muss in Rollenspielen geübt werden. „Sie müssen verstehen lernen, dass auch Erwachsene mitunter Fehler machen und dass sie nicht eher aufgeben dürfen, bis sie Hilfe bekommen - auch wenn das manchmal sehr, sehr schwer werden kann" (BESTEN 1991, 108).

Wenn Kinder viele Vertrauenspersonen um sich haben, denen sie alles erzählen können, ohne gleich „Ärger" zu bekommen, werden sie sich auch mit ihren Missbrauchserfahrungen an diese Vertrauenspersonen wenden. Wichtig sind auch immer Vertrauenspersonen außerhalb der Familie, falls ein(e) TäterIn in der Familie ist. „Hilfeholen fällt Kindern leichter, wenn sie ihre Bezugspersonen als Menschen erleben, die PartnerInnen, Freunde oder KollegInnen um Hilfe bitten und sie auch annehmen können" (STROHHALM E.V. 2001, 48). Allerdings sollten sie auch wissen, dass sie manchmal mehrere Anläufe brauchen, um Hilfe zu erhalten.

Für geistig behinderte Kinder ist es demnach besonders von Bedeutung, ihnen Kontakt zu verschiedenen Vertrauenspersonen zu ermöglichen und die Lebensräume nicht nur auf Institutionen und das Zuhause zu beschränken.

4.2.7 Du hast keine Schuld

Keinem Kind darf während der Präventionsarbeit vermittelt werden, selbst für seinen Schutz verantwortlich zu sein! V.a. betroffene Kinder fühlen sich ansonsten nur schuldig an ihrem Unglück. TäterInnen arbeiten meist auch mit Schuldgefühlen nach dem Motto *„Du wolltest es doch auch!"*. „Sowohl an die entwicklungspsychologische Disposition der Kinder als auch an die sie verfestigende Erziehung zur Schuld kann jeder Täter bequem anknüpfen, indem er vermittelt, dass das Mädchen oder der Junge durch sein Verhalten provoziert hat, es eigentlich auch gewollt hat und dergleichen mehr" (STROHHALM E.V. 2001, 49).

Es muss im Zusammenhang mit den vorangegangenen Präventionsgrundsätzen also auch immer betont werden, dass ein Kind keine Schuld hat, wenn sein NEIN nicht akzeptiert wird oder es sich in einer Missbrauchssituation nicht gewehrt hat.

4.3 Prävention als Erziehungshaltung

4.3.1 Grundhaltung bei der Erziehung

Prävention ist keine einmalige Aktion, sondern lässt sich als eine bestimmte Erziehungshaltung darstellen. Es geht um eine Einstellung, die Kinder für das Leben stark machen soll. Kinder mit einer geistigen Behinderung lernen Stärke, Selbstsicherheit und Widerstandsformen nur, wenn diese auch von den Erwachsenen und besonders ihren Eltern gefördert werden. Es muss folglich eine akzeptierende Erziehungshaltung vorausgesetzt werden. Letztlich liegt die Verantwortung für Prävention bei den Erwachsenen und dies sollte auch den geistig behinderten Kindern vermittelt werden. Das Recht des Kindes auf gewaltfreie Erziehung, wie es der Bundestag unlängst per Gesetz festgeschrieben hat, muss durch eine präventive Erziehung umgesetzt werden.

Eine Grundvoraussetzung ist es, die Kinder nicht – wie traditionell überliefert – als Besitz anzusehen, mit dem man tun und lassen kann, was man möchte. Damit lernen sie, erwachsenen immer und überall fraglos zu gehorchen – und auf den/die mögliche(n) TäterIn hören sie dann natürlich auch.

Besonders wichtig ist auch die Aufhebung der Isolation von geistig behinderten Kindern. Diesen muss es ermöglicht werden, selbstständig auch außerhalb von Schule und Familie Kontakte zu knüpfen.

Wie bereits erwähnt, müssen auch die Gefühle eines geistig behinderten Kindes in jedem Fall respektiert werden, egal ob sie immer nachvollziehbar erscheinen oder nicht (vgl. Kapitel 5.2.2). „Wird Kindern der Respekt vor ihren Gefühlen verweigert, so wird ihnen zugleich vermittelt, daß sie nicht auf gleicher Ebene mit dem Erwachsenen stehen, sondern sich durch den Erwachsenenstatus ein Über-Unterordnungsverhältnis ergibt, das dem Kind bestimmte Rechte zunächst abspricht" (HEDI 1995, 87).

4.3.2 Präventive Sexualerziehung

Von großer Bedeutung für eine präventive Erziehungshaltung ist auch die Sexualerziehung. Menschen mit geistiger Behinderung können ein erfülltes Leben führen, sofern sie die notwendige Unterstützung und Förderung bekommen. In Artikel 2 Absatz 1 des Grundgesetzes der Bundesrepublik Deutschland ist festgelegt, dass der Mensch *das Recht auf freie Entfaltung seiner Persönlichkeit* besitzt und dies gilt selbstverständlich auch für geistig behinderte Menschen. Die Sexualität ist sicherlich ein wesentlicher Teil der Persönlichkeitsentfaltung, denn sie hat nicht nur den Zweck der Fortpflanzung.

Auch geistig behinderte Kinder leben nicht in einer asexuellen Welt. Auch sie haben täglich Zugang zu diversen Medien, in denen Sexualität dargestellt wird. Deswegen kann man Kinder mit einer geistigen Behinderung ohnehin nicht völlig von dem „Phänomen Sexualität" ausschließen.

Es ist sinnvoll, dass Kinder schon früh eine Sexualerziehung erhalten. Aufklärung gilt als notwendiger Bestandteil jeder Präventionsarbeit mit geistig behinderten Kindern. Der DEUTSCHE KINDERSCHUTZBUND E.V. hat einige Regeln aufgestellt:

- ungefähr mit drei Jahren sollten die Kinder wissen, woher die Babys kommen
- ab diesem Alter sollten sie auch die körperlichen Unterschiede zwischen Mann und Frau bzw. Mädchen und Junge kennen lernen
- schon bei 5 bis 7 Jahre alten Kindern kann die Aufklärung über die Zeugung erfolgen, und danach sollten schrittweise auch alle anderen Informationen gegeben werden
- mit 11 Jahren sollten Kinder dann „vollständig" aufgeklärt sein. (DEEGENER 1998, 195)

Für geistig behinderte Kinder gelten diese Regeln entsprechend, man muss sich aber nicht am Alter, sondern am Entwicklungsstand des Kindes orientieren: „Alle Aufklärungsprogramme sollten das Alter beziehungsweise den Entwicklungsstand der Kinder sowie den unterschiedlichen Grad der Behinderung und die jeweilige psychosoziale und psychosexuelle Entwicklung berücksichtigen" (SELIGMANN 1996, 105). WALTER erwähnt Veröffentlichungen der Sexualmedizin , wonach die körperliche geschlechtsbiologische Reifeentwicklung auch bei geistig behinderten Kindern altersgemäß verlaufe und unabhängig sei von intellektuellen Faktoren (ebd. 1996b, 32).

In jedem Fall ist es sinnvoll, so früh wie möglich eine Sprache für alle Körperteile mit dem Kind zu entwickeln, damit es im Fall eines Missbrauchs Wörter hat, um sich mitzuteilen. „Als erstes muß das Mädchen/der Junge um den Körper und dessen Funktion wissen. Mädchen und Jungen, die über den eigenen Körper aufgeklärt sind, werden eher in der Lage sein, Situationen von sexuellem Mißbrauch in einer Terminologie zu beschreiben, die verstanden wird" (BALADERIAN 1985 in SENN 1993, 67). Dies genügt aber noch nicht, denn die Kinder brauchen auch Informationen über ethische Gesichtspunkte, Rechte und Verantwortlichkeiten.

Die folgenden zwei Beispiele verdeutlichen die Wichtigkeit von einer möglichst frühen Sexualerziehung bei Kindern mit und ohne Behinderung:

> Es wurde ein Exhibitionist zu den Kindern befragt, denen er seinen Penis gezeigt hatte. Dieser hat erklärt, dass v.a. *die* Kinder den Penis sehen wollten, die noch nicht aufgeklärt waren. Er hat sich die natürliche Neugierde der Kinder zu Nutzen gemacht. Die Kinder, die schon über den Penis Bescheid wussten, fanden nichts besonderes dabei und sind deshalb auch nicht mit dem Mann mitgegangen.

Ein weiteres Beispiel:

> Ein zehnjähriges Mädchen wurde von ihrem Onkel zu Oralverkehr gezwungen. Dieser bezeichnete seine Handlungen als ‚necken'. Das Mädchen wandte sich an ihre Mutter und erklärte ihr, daß sie den Onkel nicht mehr sehen mag, weil dieser sie immer necken will. Die Mutter ließ die Distanzierungsversuche der Tochter nicht zu, sagte ihr, daß viele Mädchen in ihrem Alter geneckt werden und daß dies nichts Beunruhigendes sei. So konnte die sexuelle Gewalt durch den Onkel noch lange Zeit fortgesetzt werden (HEDI 1995, 94).

Wenn Kinder nicht aufgeklärt sind, kann ein(e) TäterIn seinen/ihren sexuellen Übergriff unproblematisch als Normalität bezeichnen, weil die Kinder es nicht besser wissen.

Wie sich sexuelles Verhalten manifestiert, hängt von kulturellen Werten und Normen und deren Vermittlung in der Sozialisation ab. Sexualerziehung ist aber auch nicht nur Aufklärungsunterricht, sondern fängt bei einer offenen Einstellung zu sexuellen Fragen an. Vielleicht fragt man als Bezugsperson das geistig behinderte Kind zunächst, was es sich unter Sexualität vorstellt, bevor man anfängt, komplizierte Vorgänge zu erklären. Auch sollte den Kindern unbedingt zunächst die schöne Seite der Sexualität dargestellt werden, bevor man sie vor sexuellem Missbrauch warnt. Sonst kann es passieren, dass die Kinder bei jeder sexuellen Berührung Missbrauch assoziieren.

Zusammenfassend kann gesagt werden, dass eine geduldige, offene und lebensnahe Sexualaufklärung der beste Schutz ist vor Verführung und Missbrauch.

Ohne eine fundierte emanzipatorische Sexualaufklärung ist keine Prävention von sexuellem Missbrauch möglich!

Damit dürften allerdings einige Erwachsene überfordert sein, da sie sich auch selbst gründlich mit ihrer eigenen Sexualität und der Sexualität von geistig behinderten Menschen auseinander setzen müssen. Eine emanzipatorische Sexualerziehung setzt also die „Erziehung" von Bezugspersonen voraus. Sexualerziehung im Kindergarten und in der Schule kann die Eltern entlasten.

4.3.3 Erziehung zu Selbstbewusstsein

Viele geistig behinderte Kinder sind aufgrund ihrer Behinderung schüchtern und haben ein geringes Selbstbewusstsein. Dazu kommt die Umgebung, die dem Kind einschärft, sich möglichst unauffällig und angepasst zu verhalten.

Dabei ist Selbstbewusstsein eines der erfolgreichsten „Mittel" gegen sexuellen Missbrauch, denn viele TäterInnen scheuen vor selbstbewussten Kindern zurück, da sie Angst haben, verraten zu werden. „Sexueller Missbrauch wird oft sogar abgewehrt, ohne dass sich die Kinder dessen bewusst sind. Der Täter spürt beispielsweise, dass dieses Kind das Geheimnis nicht wahren würde und nicht einzuschüchtern ist" (STROHHALM E.V. 2001, 35).

Bequeme Kinder sind oft auch bequeme Opfer. Kinder müssen aus diesem Grund dazu erzogen werden, sich zur Wehr zu setzen, wenn ihnen etwas unangenehm ist. Dem Kind muss damit *Hilfe zur Selbsthilfe* gegeben werden.

4.3.4 Selbstbestimmung und Selbstverteidigung geistig behinderter Kinder

Mehr Selbstbestimmung führt zu weniger Fremdbestimmung und damit auch zu besserem Schutz vor sexuellem Missbrauch, denn das fremdbestimmte Leben ist ein bedeutender Risikofaktor (vgl. Kapitel 3.4).

MÜHL (1997 in: RITTMEYER 2001, 142) definiert Selbstbestimmung folgendermaßen: „Zunächst bedeutet Selbstbestimmung die Möglichkeit des Individuums, Entscheidungen zu treffen, die den eigenen Wünschen, Bedürfnissen oder Wertvorstellungen entsprechen." Diese eigenen Entscheidungen sollten geistig behinderten Kindern in möglichst großem Umfang gewährleistet werden.

In diesem Zusammenhang soll das sehr verbreitete Selbstbestimmungsprinzip genannt werden, das auch zur Prävention von sexuellem Missbrauch beiträgt. „Hier setzt das Konzept Empowerment an, das von einer Einschätzung der Stärken und Ressourcen eines behinderten Menschen ausgeht, um ihn dann seine persönlichen Angelegenheiten mit der jeweils erforderlichen individuellen Unterstützung selbst entscheiden und regeln zu lassen" (BRADL 2002, 290). Dabei geht es darum, Äußerungen, Bedürfnisse und Befindlichkeiten wahrzunehmen, den geistig behinderten Menschen als Nutzer von sozialen Dienstleistungen zu sehen, eine Assistenzplanung als individuelle Hilfeplanung durchzuführen, sowie ein personenbezogenes Hilfesystem bereit zu stellen (vgl. ebd., 289f.). Je mehr Anerkennung und damit auch Umsetzung dieses Prinzip findet, desto einfacher wird es sein, geistig behinderte Menschen zu stärken und ihnen Möglichkeiten zum Eigenschutz zu bieten (vgl. RITTMEYER 2001, 141ff.).

Eine weitere Möglichkeit, geistig behinderte Kinder zu stärken, sind Selbstverteidigungskurse. WenDo ist z.B. eine Form der Selbstverteidigung, die nach und nach auch geistig behinderten Kindern zugänglich gemacht wird. An diesen speziellen Selbstbehauptungs-programmen dürfen aus ethischen Gründen nur Frauen teilnehmen. „Diese Kurse vermittelten auch jenen Frauen mehr Kraft und Mut, die bereits Opfer von sexueller Gewalt gewesen waren" (SENN 1993, 68). Im WenDo-Kurs spielt die Behinderung zunächst keine Rolle, da der Focus auf den Fähigkeiten und Stärken und nicht auf den Schwächen der Mädchen und Frauen liegt. Die Vermittlung von Fähigkeiten zur körperlichen Selbstverteidigung sollte Idealerweise mit den Präventionsgrundsätzen und einer angemessenen Sexualpädagogik einhergehen.

Das Kind muss lernen, sich gegen die Gewalt zu wehren, denn sexueller Missbrauch ist eine besondere Form von Gewalt und nicht von Sexualität: **„Sexueller Missbrauch ist Gewalt und hat so wenig mit Sexualität zu tun, wie das Schlagen mit einer Bratpfanne mit Kochen zu tun hat"** (STANZEL 1992 in: HILGERS 1998, 12).

4.4 Veränderungen im Umfeld

Nicht nur die Eltern, auch das Umfeld von geistig behinderten Kindern muss zu deren Schutz beitragen. Es müssen Möglichkeiten zur freien Entfaltung und für Doktorspiele geboten werden, damit die Neugierde auf Sexualität gestillt werden kann. Den Kindern muss Privatheit gewährt und im Fall eines sexuellen Missbrauchs Wege zur Aufdeckung aufgezeigt werden.

Sehr anschaulich ist das Eisberg-Modell von STROHHALM E.V. (vgl. Kapitel 2.4). Der sexuelle Missbrauch ist demnach eine individuelle Tat, die Ursachen liegen jedoch nicht nur in der Spitze des Eisbergs. Viele Faktoren spielen für die Entstehung einer Missbrauchstat eine Rolle. Prävention wäre dann in diesem Fall der Eisberg, der auf dem Kopf steht und von unten nach oben bearbeitet wird. Ziel der Präventionsarbeit muss u.a. auch der Abbau von Machtstrukturen sein. Dadurch soll dem/der TäterIn wiederum nicht die Verantwortung genommen werden, da erst durch seine/ihre Entscheidung für die Tat die begünstigenden Faktoren eine Bedeutung bekommen (vgl. STROHHALM E.V. 2001, 32f.).

Prävention muss verstärkt eine politische Haltung werden, denn das Wissen um sexuellen Missbrauch bei geistig behinderten Menschen ist der erste Schritt zur Veränderung. Es muss noch mehr darüber gesprochen werden, dass es sexuellen Missbrauch gibt, denn ein Kind, das weiß, dass ein Erwachsener ihm Unrecht tut und es nicht das einzige Opfer ist, wird sich eher wehren können. SGROI (1975 in SENN 1993, 111) ist der Ansicht, dass die Tatsache, dass eine Bezugsperson sexuellen Missbrauch für möglich hält, die Wahrscheinlichkeit erhöht, dass sie ihn erkennt und entsprechend reagieren kann. „Jugendliche Mädchen berichten häufig, dass sie von der Sozialarbeiterin im Jugendamt, der Lehrerin oder der Mutter einer Freundin erfuhren, dass diese sich mit dem Thema beschäftigten, den betroffenen Mädchen glaubten und sie unterstützen" (ENDERS 2001c, 161).

> *„Als ich im Jugendamt ein Plakat über sexuellen Missbrauch sah, da wusste ich, dass sie mir glauben würden. An dem Tag habe ich meinem Vater klipp und klar gesagt, er könne mich nicht mehr erpressen. Da war Schluss!"* (Nicole, 15 Jahre In: ENDERS 2001c, 161).

Auch ein Liedtext wie z.b. „Kinder sind Tabu" von Pur (s. Anhang) kann dazu beitragen, dass dem Thema „Sexueller Missbrauch" das Tabu genommen wird.

4.5 Grenzen der Prävention

Um wirkungsvoll präventiv arbeiten zu können, muss man sich auch über die Gefahren und über die Schwierigkeiten bewusst sein, die mit Präventionsarbeit einher gehen. Die Durchführung von Präventionsmaßnahmen ist nämlich nicht unumstritten und hat ihre Grenzen, wie folgende Parodie zu erkennen gibt:

> Patentrezept: Man nehme ein paar Lieder, Spiele und Materialien, würze sie mit einer Prise Gefühle – Selbstbewußtsein, Wut und Power –, fülle das Ganze in die Springform einer Unterrichtseinheit und gebe diese bei mittlerer Atmosphäre in den vorgeheizten Stuhlkreis von 8-10 Doppelstunden. Bei exakter Befolgung dieser Rezeptur wird das Lehr- und Lernziel erreicht: Vor Ihnen sitzen selbstbewußte und aufgeweckte Mädchen und Jungen, die jeden Täter erkennen und ihn lauthals in die Flucht jagen. Ach, wäre es doch so einfach; wäre es doch so schön (SIMONE 1993, 39)!

Die größte Gefahr besteht zunächst darin, die Präventionsarbeit mit Ansprüchen zu überladen. Es ist eine Illusion, zu glauben, dass nach präventiver Erziehung sexueller Missbrauch nicht mehr vorkommt. „Gerade in der deutschsprachigen Literatur wird häufig der Anschein erweckt, der sexuelle Missbrauch von Kindern ließe sich allein dadurch aus der Welt schaffen, dass LehrerInnen sich über dieses Thema informieren und Präventionsarbeit in ihren Unterricht integrieren. Dabei wird weder die Situation der einzelnen LehrerInnen, noch die Rahmenbedingungen, die durch die Institution Schule vorgegeben sind, entsprechend berücksichtigt" (BORN 1994, 49).

Es gibt zudem kaum angemessene Evaluationsinstrumente, mit denen der „Erfolg" der Präventionsarbeit nachgewiesen werden könnte. FINKELHOR (1993 in BALZER 1998, 126) hat in den USA eine repräsentative Stichprobe bei Kindern durchgeführt und dabei feststellen müssen, dass vor allem Vorschulkinder wenig Nutzen aus Präventionsmaßnahmen ziehen können.

Bei der Präventionsarbeit besteht auch die Gefahr, die Opfer zu Mitverantwortlichen zu machen, denn mit wem präventiv gearbeitet wurde und wer trotzdem Opfer wird, steht im Verdacht, die Präventionsbotschaften nicht richtig begriffen zu haben. „Die Verantwortung zur Beendigung des sexuellen Mißbrauchs wird stark auf das Kind verlagert" (DEEGENER 1998, 181). Dazu kommen dann noch eventuelle Inkongruenzen zwischen den Präventionszielen und den Erziehungszielen der Eltern, wenn diese nicht selbst fortgebildet wurden.

Es gibt keinen Menschen, der immer und überall stark und durchsetzungsfähig sein kann. Jeder besitzt Schwächen. Zu großes Empowerment der Kinder kann dazu führen, dass sie ihre Ängste und Schwächen unterdrücken.

Wenn Kinder sich in einer Missbrauchssituation befinden, dann orientieren sie sich zum Teil an der Person, die ihnen emotional näher steht, also an der Person, von der körperliche Nähe und emotionale Zuwendung erfolgt. Sie werden selten an die Leitgedanken des Präventionsprogramms denken, weil die Personen, die dieses Programm durchgeführt haben, ihnen nicht nahe genug stehen. Daran kann etwas geändert werden, indem Vertrauenspersonen selbst gewisse Präventionsaufgaben übernehmen.

Wenn Eltern oder sonstige Bezugspersonen der Kinder Informationen zum Thema sexueller Missbrauch erhalten, muss man sich immer darüber bewusst sein, dass auch TäterInnen unter diesem Personenkreis sein können. Sie erhalten evtl. Tipps, was sie beachten müssen, damit der Missbrauch nicht auffliegt. Der Druck auf das Kind, die Tat zu verschweigen, wird erhöht (vgl. BÖHMER/EGGERT/ KRÜGER 1995, 26).

Eine fehlende geschlechtsspezifische Differenzierung führt dazu, dass es allgemein um die Stärkung von Kindern geht und dabei die geschlechtsspezifischen Sozialisationsbedingungen zu wenig Beachtung finden. Da Jungen z.B. eher dazu neigen, Täter zu werden, müssen hier andere Präventionsansätze angewandt werden. Durch eine Prävention, die das Selbstbewusstsein stärken soll, werden potentielle Täter eventuell noch mehr dazu aufgefordert, sich durch eine Missbrauchstat Macht zu verschaffen (vgl. KOCH/KRUCK 2001, 53). Täterprävention setzt aus diesem Grund andere Schwerpunkte als die Prävention mit den dargestellten Grundsätzen.

Es muss eine sehr große Differenzierung der Materialien stattfinden, um möglichst viele Kinder mit geistiger Behinderung zu erreichen. Eventuell müssen einfache und konkrete Regeln vermittelt werden, welche Berührungen in Ordnung sind und welche nicht. Eine mangelnde Berücksichtigung der Entwicklungsvoraussetzungen kann zur Überforderung einiger Kinder führen.

Diese kritische Betrachtung von Präventionsmaßnahmen lässt erneut darüber nachdenken, ob es nicht sinnvoller ist, den Schutz von Kindern mit und ohne Behinderung in stärkerem Maße den Erwachsenen und der Gesellschaft zu übertragen.

5 Prävention in Schulen für geistig behinderte Kinder

Dieses Kapitel steht wieder ganz im Zeichen der Prävention. Hier soll das Konzept mit seinen Rahmenbedingungen und Zielen vorgestellt werden. Die einzelnen Unterrichtseinheiten werden dargelegt, wobei auch die jeweilige Intention der Unterrichtseinheit Raum bekommt.

5.1 Situationsanalyse

Wie bereits erwähnt, wurde bei diversen Einrichtungen und Fachverlagen zum Thema „Prävention sexuellen Missbrauchs bei Kindern mit einer geistigen Behinderung" recherchiert. Dabei musste sie feststellen, dass es zu diesem Thema bisher kaum Materialien gibt. Es gibt mitunter Konzepte zur präventiven Arbeit mit erwachsenen geistig behinderten Menschen (z.B. in den VORWERKER HEIMEN in Lübeck oder in den BODELSCHWINGHSCHEN ANSTALTEN in Bethel) und allmählich taucht hier und dort eine Veröffentlichung über sexuellen Missbrauch an geistig behinderten Menschen auf. Zudem läuft zur Zeit ein *Forschungsprojekt „Zum Umgang mit Selbstbestimmung, Sexualität und sexualisierter Gewalt in Wohneinrichtungen für junge Menschen mit geistiger Behinderung"*. Dieses dreijährige Modellprojekt hat zum Ziel, in Kooperation mit zwei Wohneinrichtungen der Behindertenhilfe eine forschungsbasierte Materialiensammlung zum Umgang mit sexueller Selbstbestimmung und sexueller Gewalt zu entwickeln. Dieser sehr bedeutende Beitrag zur Prävention sexuellen Missbrauchs wird vom Bundesministerium für Familie, Senioren, Frauen und Jugend gefördert (vgl. unveröffentlichter dritter Zwischenbericht).

Der Bereich der Sonderschule wurde bisher jedoch trotz der immer größer werdenden Anzahl an Konzepten zur Präventionsarbeit in Grundschulen vernachlässigt.

Es gibt bisher bundesweit kaum praktische Prävention sexuellen Missbrauchs in Sonderschulen für geistig behinderte Kinder. Zum Teil erhalten LehrerInnen Fortbildungen, sodass diese dann in ihrer Klasse Präventionseinheiten durchführen können (z.B. BUNDESARBEITSGEMEINSCHAFT PRÄVENTION & PROPHYLAXE E.V. in Berlin oder AMYNA E.V. in München). Über eine direkte Präventionsarbeit von externen Fachkräften in Schulklassen mit geistig behinderten Kindern war bis zum Zeitpunkt der Veröffentlichung dieser Handreichung nichts bekannt.

Im Bildungsplan der Schule für Geistigbehinderte (Sonderschule) von Baden-Württemberg, der zuletzt 1983 erneuert wurde, ist Prävention sexuellen Missbrauchs ebenfalls nicht als Thema enthalten. In Kapitel 2 *Selbsterfahrung/ Selbstversorgung* ist lediglich die Formulierung „Eigene körperliche Wachstums- und Reifeerscheinungen kennen und sich darauf einstellen" enthalten. Damit könnte Sexualpädagogik gemeint sein.

Momentan wird ein neuer Bildungsplan für Sonderschulen in Baden-Württemberg erstellt, so dass zu hoffen bleibt, dass diesmal auch Sexualpädagogik und Prävention sexuellen Missbrauchs ausdrücklich enthalten sind.

Diese Gegebenheiten lassen wiederum den Schluss zu, dass Prävention sexuellen Missbrauchs in den Sonderschulen für geistig behinderte Kinder bisher nur am Rande ein Thema war.

Dies war auch das Ergebnis einer der durchgeführten Umfrage an zwei Sonderschulen für geistig behinderte Kinder, die Grundlage für diese Handreichung war.

5.2 Ziele

Aus den vorausgegangenen theoretischen Überlegungen zur Prävention muss demnach ein Präventionskonzept folgende Intentionen haben:

Mit Hilfe einer umfassenden Prävention soll ein Umfeld geschaffen werden, in dem sexuelle Gewalt weniger auftritt bzw. sich nicht wiederholen kann. Von Anfang an steht das Ziel im Vordergrund, dass die Präventionsarbeit nicht ausschließlich auf die Kinder ausgerichtet sein soll, sondern vor allem auch auf die Bezugspersonen. Die Verantwortung darf nämlich nie den Mädchen und Jungen selbst übertragen werden, sondern ihren Bezugspersonen und den erwachsenen Menschen unserer Gesellschaft.

Weiterhin hat die Präventionsarbeit in Sonderschulen zum Ziel, Fachkräfte aus der Arbeit mit geistig behinderten Kindern und Jugendlichen für sexuellen Missbrauch zu sensibilisieren und sie zu befähigen, diesen auch aufzudecken. Sie sollen darauf vorbereitet werden, dass sich ihnen Kinder anvertrauen, die sexuellen Missbrauch erlebt haben. Präventionsgedanken sollen im schulischen Umfeld verbreitet werden. Damit soll Ihnen gleichzeitig die Angst vor diesem Thema genommen werden und das Tabu beseitigt werden.

Auch den Eltern als direkte Bezugspersonen der geistig behinderten Kinder soll mit dem Konzept näher gebracht werden, dass ihre Kinder keinesfalls aufgrund der geistigen Behinderung vor sexuellem Missbrauch geschützt sind. Im Gegenteil – sie sollen selbst dazu befähigt werden, ihre Kinder zu schützen und diese zu selbstbewussten Menschen zu erziehen. Ein emanzipatorischer Umgang mit dem Kind soll gefördert werden.

Ein Hauptziel dieses Präventionskonzeptes ist es, den Risikofaktoren des sexuellen Missbrauchs bei Kindern mit geistiger Behinderung entgegen zu wirken. Es gelten die Präventionsgrundsätze, die bereits in Kapitel 5.2 genauer dargestellt wurden. Dass diese Präventionsthemen und Informationen behinderungsspezifisch dargeboten werden sollen, versteht sich von selbst. Dabei sollen die SchülerInnen klare Handlungsanweisungen erhalten, wie sie sich schützen können und den Täterkreis genannt bekommen. Selbstbewusstsein und Autonomie sollen gefördert werden, um sexuellen Missbrauch abwehren zu können. Und mit der Prävention soll den Kindern mit einer geistigen Behinderung das Gefühl vermittelt werden, dass sie sich wehren können und dürfen. Die Ziele der einzelnen Einheiten werden an entsprechender Stelle noch detaillierter beschrieben.

Die dargestellten Präventionseinheiten können jedoch nur ein Einstieg für eine längerfristige Arbeit sein. Es soll ein Impuls gegeben werden, um eine Grundlage zu schaffen für die weiterführende Arbeit mit den Schulklassen.

5.3 Schulische Prävention in der Sonderschule für geistig behinderte Kinder: Drei Bausteine

Wie bereits in Kapitel 5 dargelegt, muss umfassende Prävention gesellschaftlich wirksam werden und ein Bündel von Maßnahmen umfassen, die ein täterfeindliches Umfeld schaffen. Infolgedessen darf man sich nicht darauf beschränken, mit den Kindern präventiv zu arbeiten, sondern muss auch die Fachkräfte und Eltern bei der Prävention von sexuellem Missbrauch zur Verantwortung ziehen. Aus diesem Grund gibt es drei Bausteine, die nachfolgend näher erläutert werden. Die Unterrichtseinheiten werden in einem separaten Kapitel beschrieben. Die Fortbildung der Fachkräfte sowie der Elternabend können grundsätzlich konzeptionell von Präventionskonzepten für Grundschulen übernommen werden und sollten möglichst von Fachberatungsstellen für sexuellen Missbrauch durchgeführt werden.

5.3.1 Fortbildung von Fachkräften

Eine Vorbedingung dafür, dass Fachkräfte präventiv mit ihren geistig behinderten SchülerInnen arbeiten können, ist die Selbstreflexion sowie die Auseinandersetzung mit eigenen Einstellungen und Gefühlen. Im Vordergrund steht die Reflexion in Bezug auf die eigene Bereitschaft, die Konsequenzen zu tragen, die aus der Präventionsarbeit resultieren. Auch geschlechtsspezifische Verhaltensmuster müssen überdacht werden, bevor man das Thema den SchülerInnen näher bringt. „Denn die bloße Auseinandersetzung auf theoretisch abstrakter Ebene bietet noch keine Sicherheit für den konkreten Umgang mit betroffenen SchülerInnen und deren Eltern in der realen Situation" (BORN 1994, 58).

Nach FINKELHOR und ARAJI (1983 in SENN 1993, 71) müssen professionelle HelferInnen, die mit Kindern arbeiten, folgende Qualifikationen erwerben:

1. Sie müssen die grundlegenden Begriffe sexuellen Missbrauchs verstehen und diese in angemessener Form den Kindern mitteilen können.
2. Sie müssen Signale und Symptome sexuellen Missbrauchs erkennen können, um dem Kind zu helfen.
3. Sie müssen ein Kind einfühlsam über den Missbrauch befragen können, um Informationen darüber zu erhalten.
4. Sie müssen um geeignete Interventionsmaßnahmen wissen.
5. Sie müssen angemessene Therapie- und Behandlungsmöglichkeiten weitervermitteln können.
6. Sie müssen in der Lage sein, die Grundzüge von präventiver Arbeit an andere weitergeben zu können.

Da Lehrkräfte an Sonderschulen aber in der Regel bereits ein großes Feld der Verantwortung inne haben, können diese Qualifikationen nur ansatzweise vermittelt werden. Eine Diagnosestellung und die Opferaufdeckung übersteigen die professionelle Kompetenz von Lehrkräften und es sollte in jedem Fall zur Unterstützung eine Fachberatungsstelle hinzu gezogen werden.

Dadurch, dass professionelle Bezugspersonen sexuellen Missbrauch aber überhaupt in Betracht ziehen und sich mit dem Thema auseinander gesetzt haben, wird die Wahrscheinlichkeit erhöht, dass dieser erkannt und dementsprechend reagiert wird.

Inhaltlich sollte es bei einer Fortbildung für Fachkräfte zunächst um die Erarbeitung einer Definition sexuellen Missbrauchs und um das Ausmaß sexuellen Missbrauchs gehen. Das Thema „Risikofaktoren für sexuellen Missbrauch an geistig behinderten Kindern" darf in diesem Zusammenhang nicht fehlen, aber auch die allgemeine Psychodynamik und Erkennungsmerkmale müssen Inhalt einer Fortbildung sein. Um zu einer angemessenen Intervention zu befähigen, müssen Handlungsstrategien vorgestellt werden. Am Ende müssen dann die konkreten Präventionsmöglichkeiten im Vordergrund stehen.

5.3.2 Elternarbeit

Die Einladung zu einem Elternabend zum Thema „Sexueller Missbrauch" ruft mit Sicherheit unterschiedliche emotionale Reaktionen hervor. Einige Eltern werden denken, ihr geistig behindertes Kind sei sowieso nicht gefährdet, andere haben schon selbst Erfahrungen mit sexuellem Missbrauch gemacht und wieder andere interessieren sich für alles, was ihr Kind betrifft, also auch für dieses Thema.

In der Schule für geistig behinderte Kinder haben die Eltern einen engeren Kontakt zu den LehrerInnen, weil die Schülerzahl kleiner ist. Eventuell wird es dann von beiden Seiten Hemmungen geben, über dieses Thema zu sprechen. Sinnvoll ist es in jedem Fall, zum Elternabend eine Fachkraft von außen zu holen, weil dann die Eltern Anregungen leichter aufnehmen können und Kritik eher gestattet ist.

Prävention in Form von Elternabenden beinhaltet alle Stufen der Prävention. Damit kann eventuell sexueller Missbrauch im Vorfeld verhindert, frühzeitig erkannt und gestoppt werden oder es können Sekundärschäden vorgebeugt werden. „Eltern, die das erhöhte Risiko ihrer Kinder nicht erkennen, [sind] weniger in der Lage (..), sie angemessen vor sexuellem Missbrauch zu schützen oder die Auswirkungen zu bewältigen" (SENN 1993, 70). Eltern kennen ihre Kinder am besten und werden Veränderungen am ehesten fest stellen.

Ziel des jeweilig stattfindenden Elternabends ist zunächst die Öffnung gegenüber dem Thema und nicht eine sofortige Verhaltensänderung. Die Eltern sollen sensibilisiert werden und es werden Impulse gesetzt, die motivierte und interessierte Eltern aufgreifen und vertiefen können.

Inhalt des Elternabends sollte die Vorstellung der örtlichen Fachberatungsstelle als Anlaufstelle sein, die Vermittlung von Sachinformationen über Ausmaß, Dynamik, Formen von sexuellem Missbrauch, Darstellung von Präventionsgrundsätzen, Vermittlung von Hilfestellungen und Anregungen für den Erziehungsalltag. Auch hierbei geht es wieder um das Aufheben von Vorurteilen gegenüber Mythen über sexuellen Missbrauch an geistig behinderten Kindern.

Problematisch ist die Tatsache, dass potentielle TäterInnen auf einem Elternabend anwesend sein können, die dann hinterher eventuell den Druck des Schweigens auf das Kind noch erhöhen.

Ein relativ neues Thema ist die Täterprävention mit Eltern. Leider gibt es dazu bisher keine genaueren Informationen, um an dieser Stelle darauf eingehen zu können.

5.3.3 Arbeit mit Schulklassen

Bedingt durch die Schulpflicht und den damit verbundenen regelmäßigen Schulbesuchen ist die Schule nach der Familie der nächstwichtigste Einflussfaktor für ein Kind. V.a. für geistig behinderte Kinder ist dies oft die einzige Möglichkeit, Kontakte nach außen zu knüpfen und somit z.b. über innerfamiliären Missbrauch zu sprechen. LehrerInnen in Sonderschulen für geistig behinderte Kinder verbringen viel Zeit mit den Kindern und sind oftmals Ansprech- und Vertrauenspersonen für diese.

Prävention mit den Schulklassen stellt damit eine direkte Form von Prävention dar. Dabei muss beachtet werden, dass auch hier die Prävention nicht aus einer einzigen Aktion bestehen kann, sondern eine Erziehungshaltung der Lehrenden darstellen muss. Sicherlich ist es sinnvoll Fachkräfte von außen zu holen, um mit den Kindern Präventionseinheiten durchzuführen, aber diese Themen müssen von den LehrerInnen im Alltag fortgeführt werden.

Idealerweise sollte bei einer Präventionsarbeit mit Schulklassen auch Jungen eine Identifikationsfigur durch einen männlichen Lehrer angeboten werden, da diese eben auch Opfer werden können.

Der Selbstschutz der geistig behinderten SchülerInnen ist sicherlich zentral und wichtig, er reicht jedoch alleine nicht aus, um sexuelle Gewalt zu vermindern. Aus diesem Grund dürfen Präventionseinheiten in Schulklassen nur in Verbindung mit einer Fortbildung für die Lehrkräfte und einem Elternabend stattfinden.

5.4 Rahmenbedingungen

5.4.1 Zielgruppe

Das Konzept ist für die Mittelstufe (ca. 10- bis 14-Jährige) entwickelt worden, da der Körper für diese Klassenstufe in verschiedenen Aspekten ein zentrales Thema ist, sodass sich das Präventionsthema gut einfügen kann. Es ist jedoch variabel und kann auch in den anderen Klassenstufen der Sonderschule für geistig behinderte Kinder umgesetzt werden.

Die Zahl der SchülerInnen sollte sechs nicht übersteigen, da sonst nicht mehr individuell auf die persönlichen Bedürfnisse der Kinder eingegangen werden kann.

Für AutistInnen sollte eine gesonderte Prävention stattfinden, da diese ein andere Denkweise haben, als ihre MitschülerInnen und sich auch anders mitteilen. Sie benötigen einen besonders geschützten Rahmen und andere Methoden.

5.4.2 Zeitlicher Rahmen

Sinnvollerweise sollten die Präventionseinheiten einmal wöchentlich stattfinden und zwei Schulstunden ausfüllen.

Die sechs Präventionseinheiten, die nachfolgend vorgestellt werden, können nur ein Einstieg in das Thema sein. In jedem Fall sollten regelmäßig Wiederholungen stattfinden, damit es nicht bei einer kleinen „Einführungsveranstaltung" bleibt.

5.4.3 Ort

Durchführbar ist das Konzept im Klassenzimmer, um dadurch die Präventionsgedanken in den Alltag zu integrieren und nicht als Sonderveranstaltung in einen besonderen Raum zu verlegen. Unerlässlich ist jedoch die Schaffung einer ungestörten Umgebung, in der die Kinder auch mal laut schreien dürfen.

5.4.4 Umsetzung

Vor der Durchführung der nachfolgend beschriebenen Präventionseinheiten muss eine Fortbildung für die zuständigen Lehrkräfte und ein Elternabend stattgefunden haben. Dadurch können Ängste und Unsicherheiten im Umgang mit dem Thema „Sexueller Missbrauch" abgeschwächt werden. Auch nach dem Elternabend ist es von großer Bedeutung, mit den Eltern in engem Kontakt zu bleiben, um Unterstützung zu erhalten.

Da geistig behinderte Kinder meist eine sehr enge Beziehung zu ihren Bezugspersonen in der Schule haben, ist es eventuell sinnvoll, die Präventionseinheiten von einer außenstehenden Person durchführen zu lassen, damit die Kinder die Möglichkeit haben, einer neutralen Person ihre Erlebnisse zu erzählen. Dadurch können die Lehrkräfte entlastet werden.

Die Umsetzung muss situationsorientiert und handlungsorientiert sein, um die geistig behinderten SchülerInnen zu erreichen. Gespräche sind eher ungeeignet und Wiederholungen sind elementar. Spontaneität und methodische Abwechslung stehen im Mittelpunkt, sodass das beschriebene Konzept nur einen Vorschlag darstellt. Dieses kann je nach Entwicklungsstand und Aufmerksamkeit der SchülerInnen verändert werden.

5.4.5 Sonstiges

Besonders sinnvoll sind Methoden, in denen sich die SchülerInnen selbst ausprobieren konnten. Eventuell ist in schwächeren Klassen eine weitere Reduktion von Material und ein häufigeres Wiederholen nötig.

Es hängt sehr vom Entwicklungsstand der Kinder ab, in welcher Form konkrete Missbrauchssituationen dargestellt werden oder nur angedeutet werden sollen.

Vorteilhaft ist zudem eine intensive Öffentlichkeitsarbeit, damit in der Region bekannt wird, dass die Schule sich für den Schutz „ihrer" SchülerInnen einsetzt und potentielle TäterInnen eingeschüchtert werden.

5.5 Voraussetzungen für die Schulklassenprävention

5.5.1 Sexualaufklärung

Sexualerziehung ist eine wichtige Vorbedingung für die Präventionsarbeit mit den Schulklassen, da ansonsten der erste Kontakt mit dem Thema Sexualität gleichzeitig mit dem Thema Gewalt verknüpft wäre. Näheres dazu wurde bereits in Kapitel 5.3.2 erläutert. Die nachfolgenden Präventionseinheiten dürfen demnach nur in Klassen durchgeführt werden, in denen die Kinder bereits Sexualerziehung erhalten haben (vgl. WALTER 1996a, 374ff.)!

Zu diesem Zweck gibt es zahlreiche Materialien, die in der Auflistung der Arbeitsmaterialien zu finden sind. Besonders empfehlenswert sind die „Sexualpädagogische Materialien für die Arbeit mit geistig behinderten Menschen", herausgegeben von der BUNDESVEREINIGUNG LEBENSHILFE E.V.

5.5.2 Geschlechtsspezifische Arbeit

Optimal ist eine geschlechtsspezifische Arbeit mit den Kindern.

„Forschungsergebnisse weisen darauf hin, dass bereits die Regelsozialisation von Jungen Täterverhalten fördert, während die traditionelle Mädchenerziehung Eigenschaften betont, die Anknüpfungspunkte für Täter bieten" (STROHHALM E.V. 2001, 55). Da die SchülerInnen der Mittelstufe bereits in der Pubertät sind und es bei geistig behinderten Kindern unterschiedliche Sozialisationsbedingungen gibt, erscheint eine geschlechtsspezifische Präventionsarbeit sinnvoll. Zudem wird allgemein meist nur auf die Behinderung geachtet und nicht auf das Geschlecht, weshalb eine geschlechtsspezifische Arbeit den Blickwinkel verändern könnte.

Da es jedoch meist zuwenig männliche Kollegen in einer Sonderschule gibt und die Jungen aber genauso ein Recht auf Prävention haben, lassen sich die Präventionseinheiten auch im Klassenverband durchführen. Dabei muss dann vermehrt auf die Auseinandersetzung mit dem anderen Geschlecht geachtet werden. Vorteilhaft ist bei einer gemischtgeschlechtlichen Zusammensetzung, dass gemeinsam Umgangsweisen für den Schulalltag erarbeitet werden können.

6 Die Unterrichtseinheiten

6.1 Überblick

Zur Durchführung der Unterrichtseinheiten mit den Schulklassen wurden verschiedene Präventionsmodelle und –konzepte aus dem Nichtbehindertenbereich als Anregung genommen. Als Grundlage für die folgenden Präventionseinheiten dienten die Präventionsgrundsätze aus Kapitel 5.2. Bezogen auf den Entwicklungsstand der Kinder sollten während der Präventionseinheiten Informationen über sexuellen Missbrauch nur sehr wenig gestreut werden, um keine Hysterie aufkommen zu lassen. Es muss mehr darum gehen, die Kinder zu stärken. Eine detaillierte Beschreibung von sexuellem Missbrauch kann Kinder überfordern.

Im Anhang geben Methodenzettel den Überblick über die jeweiligen Einheiten und es folgt zudem ein Materialteil.

Die Verlaufsbeschreibungen können keinen vollständigen Eindruck der Einheiten wiedergeben, da Details aufgrund des Umfangs der Darstellung ausgelassen werden müssen.

6.2 Erste Einheit: Dein Körper gehört Dir

6.2.1 Intention

Die Kinder sollen in dieser Einheit lernen, selbst über ihren Körper zu bestimmen. Dazu müssen sie ihn auch kennen. Wenn ein Kind stolz auf seinen Körper ist, kann es ihn auch beschützen.

Die Kinder sollen weiterhin erfahren, dass sie ein Recht darauf haben, dass ihr Körper ihnen gehört und niemand sie ohne ihre Zustimmung berühren darf.

Zur Körpererfahrung gehört eine sinnliche Wahrnehmungsvielfalt, damit überhaupt ein Körperbewusstsein entstehen kann und sich die Fähigkeit entwickeln kann, zwischen angenehmen und unangenehmen Berührungen zu unterscheiden. Auch Körperwahrnehmung soll in dieser ersten Einheit ermöglicht werden.

6.2.2 Umsetzung

Den Anfang des ersten Tages sollte eine kurze **Vorstellungsrunde** im Stuhlkreis machen, unabhängig davon, ob die Gruppe sich schon kennt oder nicht. Jede(r) soll erzählen, was er/sie gerne mag und nicht so gerne mag, so dass gleich ein Einstieg in das Thema „Gute und schlechte Gefühle" geboten wird, welches während der gesamten Präventionsarbeit immer wieder auftauchen sollte.

Der nächste Impuls ist eine **Wahrnehmungsübung**, die ab jetzt jedes Mal als Anfangsritual wiederholt werden sollte. Dazu kommt ein Fühl-Kasten mit Gegenständen verschiedener Art und Beschaffenheit zum Einsatz: Watte, Steine, Tannenzapfen, Wärmekissen, Eiswürfel, Massage-Igel, Knete, Schwamm, Alufolie, usw. Die Kinder halten ihre Hände nach hinten und bekommen jeweils einen Gegenstand zum Befühlen in die Hand. Diesen sollen sie – ohne zu schauen – mit verschiedenen Eigenschaften beschreiben. Mit diesem Spiel lässt sich ein Bewusstsein für verschiedene Gefühle schaffen. Jedes Kind sollte dann auch noch die Möglichkeit bekommen, die Gegenstände der anderen zu befühlen.

Nun kann in das eigentliche Thema dieser Einheit eingestiegen werden. Hierfür eignet sich besonders gut das **Buch „Mein Körper gehört mir!"** von Pro Familia, welches den Kindern im Stuhlkreis gezeigt und vorgelesen werden kann. Je nach Aufnahmefähigkeit können auch nur ein paar Szenen gezeigt werden und nicht unbedingt das gesamte Buch. Nach jeder Szene kann man sich darüber unterhalten, was die Kinder selbst schon für Erfahrungen gemacht haben. Um den Inhalt des Buches auch gleich praktisch umzusetzen, sollen die SchülerInnen üben, laut und deutlich zu sagen: *Fass mich nicht an* oder *Lass mich in Ruhe*. Auch ein deutliches NEIN sollten alle SchülerInnen gemeinsam und ebenfalls einzeln ausprobieren.

Damit das Thema auch einen Platz im Klassenzimmer bekommt, werden anschließend kopierte Szenen aus dem Buch als **Collage** auf zwei Plakate geklebt und damit nach angenehmen und unangenehmen Berührungen sortiert. Ein Plakat ist rot und hat ein unglückliches Gesicht darauf für unangenehme Berührungen, das andere ist grün mit einem lächelndem Gesicht für angenehme Berührungen. Dadurch können die SchülerInnen lernen, zwischen angenehmen und unangenehmen Gefühlen zu unterscheiden. Da sich manche Kinder dabei vielleicht etwas schwer tun werden, sollte am Ende noch mal gemeinsam die Collage angeschaut werden und erklärt werden, warum die Bilder auf dem roten oder auf dem grünen Plakat kleben. Diese Plakate sollten bis zum Ende der gesamten Präventionsarbeit im Klassenzimmer hängen bleiben.

Am Ende dieser Einheit bekommt jedes Kind ein **Schatzkästchen**, in das jedes Mal ein Symbol für das Thema der Einheit hineinkommen soll. Dieses Mal ist es eine kleine rote Stopphand aus Fotokarton. Das Auffüllen des Schatzkästchens bildet damit ein Ritual, welches immer am Ende einer Präventionseinheit auftaucht.

6.3 Zweite Einheit: Gefühle

6.3.1 Intention

Da sehr gemischte und widersprüchliche Gefühle in Missbrauchssituationen eine Rolle spielen, sollen die Kinder lernen, diese deutlich
wahrzunehmen.

Als Basis sollen die Kinder ihre Gefühle zunächst überhaupt kennen lernen
und benennen können. Darauf aufbauend sollen sie auch üben, die Gefühle
anderer wahrzunehmen und ebenfalls ernst zu nehmen.

Ebenso ist es wichtig, das Gefühl „Angst" zu benennen und den Kindern
begreiflich zu machen, dass auch Erwachsene manchmal Angst haben.

Sie sollen aber auch wissen, dass kein Erwachsener das Recht hat, ihnen
Angst zu machen.

6.3.2 Umsetzung

Nach dem Anfangsritual mit der **Wahrnehmungsübung**, bei der diesmal
auch danach gefragt werden sollte, ob der Gegenstand sich angenehm oder
unangenehm anfühlt, werden den SchülerInnen zur **Wiederholung und
Vertiefung** ein paar Szenen aus dem Buch „Mein Körper gehört mir" gezeigt und nachgefragt, was ihnen dazu noch einfällt. Dabei kann wieder auf
die Collage verwiesen werden, die beim letzten Mal erstellt wurde.

Als nächstes wird den SchülerInnen die **rote und die grüne Papphand**
vorgestellt. Die rote Hand zeigt an, wo man *nicht* berührt werden möchte,
die grüne Hand weist darauf hin, wo man *gerne* berührt werde. Mit roten
und grünen Wäscheklammern soll jedes Kind symbolisch an seinem Körper markieren, wo es gerne und wo es nicht berührt werden möchte. Dies
sollten alle gleichzeitig machen, um ein Kopieren von den anderen zu verhindern. Wenn ein Kind nicht von selbst eine Klammer an seinen Ge-
schlechtsmerkmalen befestigt, sollte man darauf hinweisen, aber möglichst
selbst entscheiden lassen. Anschließend erklärt jedes Kind noch den anderen, wo es nicht berührt werden möchte, damit alle wissen, wo sie anfassen
dürfen und wo nicht. Ziel ist also das Bewusstmachen von Körperteilen, die
nicht von jedem berührt werden dürfen.

Nun kommt der Übergang zum Thema „Gefühle". Anhand von **Gefühlskärtchen** aus dem Spiel „Hallo, wie geht es dir? Gefühle ausdrücken lernen" (REICHLING/ WOLTERS 1994) werden „schöne" und „blöde" Gefühle
verdeutlicht: Fröhlichkeit, Ausgelassenheit, Stärke, Angst, Traurigkeit,
Wut, usw.

Danach wird ein **Ratespiel** gemacht. Es wird immer einem Schüler oder
einer Schülerin ein Gefühlskärtchen gezeigt und dieses sollte dann vorge-
spielt werden, so dass die anderen es erraten können. Zudem sollen sie sagen, ob es ein schönes oder ein blödes Gefühl ist. Nach jeder Darstellung
kann sich ein Gespräch über Gefühle und Situationen, in denen sie auftre-

ten, ergeben. Die SchülerInnen werden dadurch dazu bewegt, sich in verschiedene Gefühle hineinzuversetzen und diese darzustellen.

Um das Thema Gefühle auch bleibend ins Klassenzimmer zu bringen, wird dann noch eine **Gefühlscollage** erstellt, indem Kopien von den Gefühlskärtchen auf eine rotes und ein grünes Plakat geklebt werden. Die Farbe rot wird wieder als Stopp-Signal für unangenehme Berührungen und blöde Gefühle verwendet. Dabei wird dann auch eine Verbindung hergestellt zwischen blöden Gefühlen, die von unangenehmen Berührungen kommen und zwischen angenehmen Berührungen, die zu schönen Gefühlen führen.

Abschließend erhält jedes Kind ein Gesicht mit einer fröhlichen und einer traurigen Seite für das **Schatzkästchen**, um das Thema „Gefühle" zu symbolisieren.

6.4 Dritte Einheit: Das Recht, NEIN zu sagen

6.4.1 Intention

Die Kinder sollen bei diesem Thema lernen, wie sie unterschiedliche Berührungen unterscheiden können und vor allem, wie sie darauf reagieren können.
Sie sollen ihren Empfindungen entsprechend deutlich JA oder NEIN sagen können.
Dabei ist es wichtig, den SchülerInnen die verschiedenen Arten des NEIN-Sagens vorzustellen und auch eine Gebärde dafür einzuführen.
Es darf nicht außer Acht gelassen werden, dass die SchülerInnen bei manchen Erwachsenen nicht gehört werden und dass es dann nicht ihre Schuld ist. Dies muss auch vermittelt werden.

6.4.2 Umsetzung

Nach der **Begrüßungsrunde** und der Übung mit dem Fühl-Kasten, die den SchülerInnen nun schon bekannt ist und sie deshalb immer differenzierter beschreiben können, zeigt man ihnen zur **Wiederholung** noch mal die Kärtchen mit den Gefühlsbildern vom letzten Mal. Jedes Kind darf dann ein Kärtchen ziehen und das darauf gezeigte Gefühl für die MitschülerInnen pantomimisch darstellen. Diese sollen es erraten und dann selbst nachmachen.

Um noch mal konkreter auf die eigenen Gefühle der SchülerInnen einzugehen, wird nun ein **Gefühlsbarometer** gebastelt. Dazu nimmt man einen ca. 10 cm breiten Streifen Fotokarton und malt auf das obere Ende ein fröhliches Gesicht und auf das untere Ende ein trauriges Gesicht. Jede/r SchülerIn beschriftet eine Wäscheklammer mit dem eigenen Namen oder Zeichen und befestigt sie dann je nach Stimmung oben oder unten am Gefühlsbarometer. Dieses wird dann im Klassenzimmer aufgehängt, sodass die SchülerInnen jeden Tag ihre Stimmung anzeigen können. Damit soll verdeutlicht werden, dass auch andere Menschen Gefühle haben, und diese sich immer wieder ändern können.

Dann kommt der Übergang zum Thema NEIN-sagen mit Hilfe des **„Liedes vom NEIN sagen"**. Es ist sinnvoll, zunächst den Text vor zu lesen und ihn anhand von Beispielen zu erläutern. Dazu werden passende Bewegungen gemacht, um die SchülerInnen sowohl auditiv, als auch über Gestik anzusprechen. Gemeinsam wird dann der Text mit den Bewegungen geübt und schließlich werden die ersten beiden Strophen gesungen. Den SchülerInnen wird auf diese Weise spielerisch vermittelt, dass NEIN sagen erlaubt ist.

Anschließend wird ein **Rollenspiel** vorgeführt, bei dem eine Leitungsperson von einer anderen Person bedrängt wird und sich zunächst nur zaghaft abwendet. Erst am Schluss brüllt die bedrängte Person laut „NEIN" und wird dann endlich in Ruhe gelassen. Die Kinder sollen sich dann einer nach dem/der anderen überlegen, wie man noch NEIN sagen kann. Diese Ideen werden dann den anderen Kindern vorgestellt und gemeinsam geübt. Die SchülerInnen können dadurch die Erfahrung machen, dass Lautstärke und Körperhaltung die Bedeutung des NEINs sehr stark verändern können. Sie lernen zusätzliche Gesten, die zur Unterstützung oder auch ersatzweise ein NEIN verdeutlichen. Es sollte auch darüber gesprochen werden, wann man bestimmte Arten, NEIN zu sagen, einsetzt. Auf jeden Fall sollten besonders die verbal schwächeren Kinder Methoden kennen lernen, sich zur Wehr zu setzen.

Am Ende dieser Einheit bekommen die SchülerInnen einen kleinen Plastik-Löwen für ihr **Schatzkästchen**, da sie selbst so laut wie ein Löwe schreien können und auch so stark sind.

6.5 Vierte Einheit: Geheimnisse

6.5.1 Intention

Dieses sehr abstrakte Thema soll den Kindern klar machen, dass es Geheimnisse gibt, die sie weiter sagen dürfen und dass es nicht immer „Petzen" ist, wenn sie etwas weitererzählen. Den Kindern soll vermittelt werden, dass sie ein Recht darauf haben, bedrückende Geheimnisse zu erzählen.

Dazu müssen sie lernen, dass Geheimnisse schöne oder unangenehme Gefühle auslösen können.

Hinzu kommt noch die Unterscheidung zwischen einem Geschenk und einer Bestechung, der ihnen verdeutlicht werden soll.

6.5.2 Umsetzung

Nach der schon bekannten **Anfangsrunde** mit dem Fühl-Kasten wird nun auch das Ritual eingeführt, die SchülerInnen zu fragen, wie es ihnen geht und an welcher Stelle vom **Gefühlsbarometer** ihre Klammer befestigt werden soll.

Das „**Lied vom Nein sagen**" wird wiederholt und durch die letzten beiden Strophen mit Bewegungen ergänzt. Besonders ausführlich sollte die dritte Strophe besprochen werden, da es hier um Bestechungen geht und somit gleich das Thema „Geheimnisse" angesprochen werden kann.

Um das nachfolgende Spiel vorzubereiten, sollen sich die SchülerInnen überlegen, welche Art von Berührungen es gibt und diese ausprobieren. Dann wird ihnen das **Spiel „Die Burg"** (s. Anhang) vorgestellt. Ziel dieses Spiels ist die Wahrnehmungsschulung hinsichtlich angenehmen und unangenehmen Berührungen. Dabei sollte darauf geachtet werden, dass die SchülerInnen tatsächlich darüber nachdenken, ob ihnen eine Berührung angenehm ist. Es darf nicht nur darum gehen, auch mal dran zu kommen! Zudem kann nach und nach das Thema „Geheimnisse" einfließen. So kann die Leitungsperson z.b. versuchen, durch Bestechungen in die „Burg" zu gelangen. Viele SchülerInnen werden darauf zunächst reagieren, was ein guter Einstieg in das Thema dieser Einheit ist. Beispielhaft werden den Kindern dann **gute und schlechte Geheimnisse vorgestellt** bzw. es werden Situationen erzählt und eventuell auch durchgespielt, in denen Petzen erlaubt ist (s. Anhang).

Nachdem ausgiebig das Thema „Geheimnisse" besprochen wurde, wird nun die Bedeutung eines **Geheimnistagebuches** (s. Anhang) erläutert. In dieses Buch sollen die SchülerInnen alles reinschreiben oder malen, was sie zunächst nicht weiter erzählen möchten. Wenn sie sich ihr Buch später mal anschauen, fallen ihnen vielleicht Sachen auf, die sie dann doch weiter erzählen.

Jedes Kind bastelt sich ein eigenes Buch und kann dann noch den Umschlag seines Geheimnisbuches bemalen. Es können auch schon erste Geheimnisse aufgeschrieben oder –gemalt werden.

In die Schatzkiste kommt dieses Mal dann natürlich etwas „Geheimnisvolles". Jedes Kind erhält einen schönen Stein, den es in die Hand nehmen soll. In diesem Stein ist das größte Geheimnis des Kindes versteckt. Dann wird der **„Geheimnisstein"** in die Schatzkiste zu den anderen Symbolen gelegt.

6.6 Fünfte Einheit: Hilfe holen

6.6.1 Intention

Kinder sollen nach dieser Einheit wissen, dass sie nicht alles alleine können und manchmal Hilfe brauchen. Sie sollen Handlungsmöglichkeiten lernen, um ihr Recht auf Hilfe umzusetzen. Dabei soll mit den SchülerInnen überlegt werden, an wen sie sich wenden können, wenn sie mal alleine nicht weiter wissen.

Es muss ihnen klar werden, dass es auch für jede/n Erwachsene/n Situationen gibt, in der er/sie Hilfe braucht.

Zudem muss verdeutlicht werden, dass Kinder manchmal mehrere Personen ansprechen müssen, bis sie Hilfe erhalten.

6.6.2 Umsetzung

Zunächst wird das Tast-Spiel mit dem **Fühl-Kasten** gespielt, bei dem immer differenzierter nachgefragt werden kann, wie sich die Gegenstände anfühlen. Dann wird die Klammer je nach Stimmung an der richtigen Stelle des **Gefühlsbarometers** befestigt.

Zur Vertiefung kann noch mal das **„Lied vom Nein sagen"** wiederholt werden.

Für das Thema „Hilfe holen" kommt erneut ein **Buch** zum Einsatz: **„Kein Anfassen auf Kommando"** von Marion Mebes. Den Kindern werden einige Seiten gezeigt, um zu verdeutlichen, dass es angenehme und unangenehme Berührungen gibt bzw. dass es in Ordnung ist, wenn man mal nicht angefasst werden möchte. Am Ende des Buches geht es darum, sich mit einem lauten und deutlichen NEIN zu wehren. Dies sollte den Kindern inzwischen sehr klar sein und hierbei kann erneut das deutliche NEIN-Sagen geübt werden. Anschließend kommt die Überleitung zum Thema „Hilfe holen", da es auch im Buch am Ende darum geht.

Den SchülerInnen werden nun Beispiele genannt, in denen man sich Hilfe holen muss und alleine nicht mehr weiter kommt. Dies lässt sich am besten mit Hilfe eines **Rollenspieles** verinnerlichen, in dem Situationen geübt werden, in denen man sich Hilfe holen muss (s. Anhang). Dieses Rollenspiel kann verdeutlichen, wie man in bestimmten Situationen reagieren kann und auch wann man sich wehren und NEIN sagen darf.

Um ein Symbol für ihr Schatzkistchen zu bekommen, wird den SchülerInnen am Schluss die Aufgabe gegeben, einen **Hilfeblatt** zu entwerfen. Auf ein Blatt Papier soll jedes Kind ein paar Personen malen oder schreiben, die ihnen helfen könnten. Sie sollten sowohl an Situationen in der Schule als auch an Zuhause denken. Der Zettel wird dann gefaltet und in das Schatzkästchen gelegt.

6.7 Sechste Einheit: Was haben wir gelernt?

6.7.1 Intention

In dieser Einheit steht die Wiederholung der verschiedenen Themen anhand von unterschiedlichen Methoden im Vordergrund.
Es soll eine Lernzielkontrolle sein und aber v.a. eine Vertiefung für die SchülerInnen.

6.7.2 Umsetzung

Zu Beginn wird die Anfangsrunde mit dem **Fühl-Kasten** gemacht. Dann wird danach gefragt, wie es den SchülerInnen geht und an welcher Stelle ihre Klammer am **Gefühlsbarometer** befestigt werden soll.

Auch eine Wiederholung des **„Liedes vom NEIN-Sagen"** ist an dieser Stelle sehr sinnvoll, da die SchülerInnen dieses inzwischen gut kennen.

Dann werden alle SchülerInnen gebeten, ihr **Schatzkästchen** zu holen, da dieses gemeinsam mit ihnen angeschaut werden soll.

Dazu kommt wiederholt das **Buch „Mein Körper gehört mir!"** zum Einsatz. Gemeinsam wird dieses durchgeblättert und je nach Situation besprochen, wie sich Clara (aus dem Buch „Mein Körper gehört mir") verhalten könnte. Auch die **Symbole aus dem Schatzkästchen** werden mit dem Inhalt des Buches verknüpft und verschiedenen Konstellationen zugeordnet. Die SchülerInnen lernen dadurch, die Gegenstände aus ihrem Schatzkästchen, denen bestimmte Bedeutungen zugeordnet wurden, mit bestimmten Situationen zu verbinden.

Um wiederholt zu verdeutlichen, welche Berührungen erlaubt sind und welche nicht, bekommen die SchülerInnen an passender Stelle vom Buch **die roten und grünen Wäscheklammern**, um sie noch mal an den unterschiedlichen Körperstellen zu befestigen. Dadurch müssen sie sich erneut damit auseinander setzen, wo sie gerne berührt werden und wo nicht und bekommen einen Überblick, was den MitschülerInnen gefällt und was nicht.

Nachdem dann noch die restlichen Seiten aus dem Buch „Mein Körper gehört mir!" besprochen wurden, holen die SchülerInnen ihren **Hilfezettel** aus dem Schatzkistchen und „lesen vor", wer ihnen alles helfen kann. Dadurch können sie sich ihre helfenden Personen besser einprägen.

Am Ende dieser Einheit und damit auch am Ende der Prävention mit den Schulklassen steht selbstverständlich eine **Verabschiedung** und eine **Feedbackrunde**, in der die SchülerInnen positive und negative Rückmeldungen geben sollen.

Nun dürfen die Schatzkistchen mit nach Hause genommen werden, wodurch dann auch symbolisch alle Themen der Präventionsarbeit mitgenommen wurden.

6.8 Ergänzende Hinweise

Die abstrakte Unterscheidung zwischen angenehmen und unangenehmen Berührungen fällt mitunter schwer. Geistig behinderte Kinder können z.T. nicht sofort einordnen, wann bestimmte Berührungen und Küsse für sie unangenehm sind, denn sie haben auch ein natürliches Bedürfnis nach Nähe, Zuwendung und Zärtlichkeit. Und eine Strategie der TäterInnen ist es eben, sich langsam heranzutasten, sodass es dem Kind zunächst gefällt und dann die Grenze zu unangenehmen Berührungen nicht mehr erkannt wird. So muss man als Erziehungsperson mitunter deutlich machen, dass bestimmte Sachen eben nicht erlaubt sind. Dabei hat es sich als problematisch herausgestellt, den präventiven Ansatz zu verfolgen und trotzdem den Kindern ihre Sexualität zuzugestehen. Dies ist eine ständige Gratwanderung, da Kinder mit einer geistigen Behinderung sich selbst nicht unbedingt als Opfer sexueller Gewalt sehen und keine Kausalitätszusammenhänge herstellen können.

Man muss auch im Hinterkopf behalten, dass die Unterscheidung von guten und schlechten Geheimnissen bereits sehr abstraktes Denken erfordert, so dass dies sicherlich nicht allen SchülerInnen gelingen wird.

Auch nach diesen Anhaltspunkten muss aufs Neue hervorgehoben werden, dass die Arbeit mit dem Umfeld für die präventive Arbeit mit geistig behinderten Kindern elementar ist. Sexueller Missbrauch an geistig behinderten Kindern wird auch in Zukunft vor kommen, wenn sich nicht in der Einstellung der Erwachsenen etwas ändert.

7 Ausblick

Abschließend wird noch ein Ausblick gegeben, was in Zukunft zum Thema Sexueller Missbrauch an geistig behinderten Kindern noch getan werden muss.

Es muss zunehmend empirische Sozialforschung eingesetzt werden, um exakte Informationen über Vorkommen und Erscheinungsformen des sexuellen Missbrauchs an geistig behinderten Menschen zu erhalten. Mit genauerer Ursachenforschung können besser präventive Maßnahmen entwickelt werden. Aber auch für die Prävention muss es eine begleitende Forschung geben, um die Qualität dieser Arbeit zu sichern. Einen Anfang auf diesem Gebiet stellt Vorbildlicherweise das Forschungsprojekt „*Umgang mit sexueller Selbstbestimmung und sexualisierter Gewalt in Wohneinrichtungen für junge Menschen mit geistiger Behinderung*" dar. In Kooperation mit zwei Wohneinrichtungen in Rostock und Berlin fand eine Erhebung statt, um „zu erfahren, wie und was Jugendliche, die in Einrichtungen der Behindertenhilfe untergebracht sind, zu den Themen Sexualität, Selbstbestimmung und sexualisierte Gewalt berichten" (vgl. Kurzfassung des 3. Zwischenberichts des Forschungsprojektes 2002, 6).

Zu kritisieren ist, dass die bisherige Thematisierung des sexuellen Missbrauchs an Kindern mit geistiger Behinderung nicht von den betroffenen Kindern ausgeht, sondern von den nichtbehinderten Bezugspersonen. Aus dieser Gruppe stammt jedoch auch der Großteil der TäterInnen. Die subjektive Sichtweise wird bisher meist ausgeklammert und es stellt sich nun die Frage, ob im Zuge der Partizipation von geistig behinderten Menschen, diese nicht noch mehr zum Thema „sexueller Missbrauch" gehört werden müssen. Andererseits kann man nicht verlangen, dass Betroffene in die Öffentlichkeit treten und sich für ihre Rechte und für Prävention stark machen. Vielleicht gibt es aber doch Wege aus der Misere, dass nichtbehinderte Menschen definieren, wann ein behinderter Mensch missbraucht wird.

Zumindest sollten Menschen mit geistiger Behinderung aber bei Veranstaltungen zum Thema „Sexueller Missbrauch" immer als potentielle Opfer erwähnt werden. Dies ist glücklicherweise immer häufiger der Fall, so dass von einer allmählichen Ent-Tabuisierung ausgegangen werden kann. Auch sexualpädagogische Veranstaltungen sollten aber immer allen Menschen mit und ohne Behinderungen zugänglich gemacht werden.

Eine Schwierigkeit besteht darin, dass die Präventionsarbeit im Bereich der geistigen Behinderung noch „in den Kinderschuhen steckt", jedoch mit den Maßstäben von etablierten Einrichtungen gemessen wird. Dabei ist diese Form von Arbeit erst in der Entwicklung und es gibt z.B. noch nicht genügend spezielle Materialien für geistig behinderte Kinder. Kritikpunkte an bisherigen Präventionsansätzen wurden bereits ausführlich in Kapitel 5.5 dargestellt.

Um die Entwicklung von geeigneten Präventionsmethoden und –materialien zu gewährleisten, müssen auch von der öffentlichen Hand mehr Gelder zur Verfügung gestellt werden. Ansonsten kommt es wie bei WENDEPUNKT E.V. dazu, dass in Fachberatungsstellen nur „akute" Fälle bearbeitet werden können und man mit der Prävention immer einen Schritt hinterher ist. Es findet hauptsächlich Intervention statt, also Sekundärprävention – die Primärprävention sollte aber voraus gegangen sein.

Auch das Kultusministerium sollte die Prävention als pädagogischen Auftrag in den Bildungsplan übernehmen! Allerdings gehört Prävention von sexuellem Missbrauch nicht zum grundlegenden Sexualkunde-unterricht, denn sexueller Missbrauch ist eben keine besondere Form von Sexualität sondern eine besondere Form von Gewalt. Evtl. kann das Thema „Prävention" in einer differenzierten Sexualerziehung angegangen werden. Dazu müssten Lehrkräfte aber auch in diesem Bereich ausgebildet sein.

Im Zusammenhang mit der Intervention oder auch der Tertiärprävention wurden im jeweiligen Kapitel bereits Schwierigkeiten benannt. Wichtig ist es für Beratungsstellen in Zukunft, den Blick auf eine möglichst interdisziplinäre Zusammenarbeit zu richten. Auch die Einrichtung von Spezialberatungsstellen, die sich besonders auch geistig behinderten Opfern zuwenden, wäre sinnvoll. Um das Angebot niedrigschwelliger zu machen und damit auch geistig behinderten Menschen eine Aufdeckung ihrer Missbrauchssituation zu ermöglichen, ist eine aufsuchende Arbeit unumgänglich.

Auch juristische Verfahren sollten beschleunigt werden, um die Belastungen der Betroffen zu verringern. Z.B. könnten Kriminalpolizei, Staatsanwaltschaft und Gericht besser zusammen arbeiten, damit das Opfer nur einmal verhört werden muss.

Es sollte in diesem Zusammenhang speziell ausgebildete Ermittlungsbeamte geben, die sich mit den Besonderheiten eines Menschen mit geistiger Behinderung auskennen, damit es auch weniger Skepsis zur Glaubwürdigkeit gibt.

Ein weiterer Punkt zur Veränderung ist, wie bereits in Kapitel 4 ausführlich dargestellt, die Angleichung der Verjährungsfristen und des Strafmaßes von § 179 StGB an die schwerwiegenden Fälle von § 177 StGB.

Als letzter Punkt soll die Entwicklung von Therapiekonzepten angesprochen werden, die dringend für diesem Bereich nötig ist. Nach den Erfahrungen von WENDEPUNKT E.V. gibt es bisher kaum Therapeuten, die mit geistig behinderten Menschen arbeiten.

Literaturverzeichnis

Balzer, Beate (1998). *Gratwanderung zwischen Skandal und Tabu. Sexueller Mißbrauch von Kindern in der Bundesrepublik.* Pfaffenweiler: Centaurus-Verlags-Gesellschaft.

Bange, Dirk (1992). *Die dunkle Seite der Kindheit. Sexueller Mißbrauch an Mädchen und Jungen. Ausmaß – Hintergründe – Folgen.* Köln: Volksblatt.

Bange, Dirk; Enders, Ursula; Sodermanns, Inge (1993). *Nein ist Nein. Neue Ansätze in der Präventionsarbeit.* Köln: Zartbitter, Schriftenreihe gegen sexuellen Mißbrauch an Mädchen und Jungen.

Bange, Dirk (1993). *Nein zu sexuellen Übergriffen – ja zur selbstbestimmten Sexualität.* In: Bange, Dirk u.a. *Nein ist Nein. Neue Ansätze in der Präventionsarbeit.* S. 7-34.

Bange, Dirk; Deegener, Günther (1996). *Sexueller Mißbrauch an Kindern. Ausmaß, Hintergründe, Folgen.* Weinheim: Psychologie Verlags Union.

Bange, Dirk (2001). *Das alltägliche Delikt: Sexuelle Gewalt gegen Mädchen und Jungen. Zum aktuellen Forschungsstand.* In: Enders, Ursula (Hrsg.). *Zart war ich, bitter war's.* S. 21-27.

Becker, Monika (1995). *Sexuelle Gewalt gegen Mädchen mit geistiger Behinderung: Daten und Hintergründe.* Heidelberg: Edition Schindele.

Besten, Beate (1991). *Sexueller Mißbrauch und wie man Kinder davor schützt.* München, Beck.

Biermann, Horst; Bleidick, Ulrich (1998). *Behinderung.* In: Bundesanstalt für Arbeit. *Berufliche Rehabilitation junger Menschen. Handbuch für Schule, Berufsberatung und Ausbildung.* Ausgabe 1998.
Online im Internet: URL: http://service.dkf.de/reha/rehabuch/text/behind.htm [Stand 20.01.2003].

Born, Monika (1994). *Sexueller Mißbrauch – ein Thema für die Schule?* Pfaffenweiler: Centaurus.

Bradl, Christian (2002). *Selbstbestimmung und Assistenz für Menschen mit geistiger Behinderung.*
In: Geistige Behinderung. 41. Jg. Heft 4/02. S. 289-292.

Brill, Werner (1998). *Sexuelle Gewalt gegen Menschen mit Behinderungen.*
In: Sonderpädagogik, 28. Jg. Heft 1/ 1998. S. 48-60.

Brockhaus, Ulrike; Kolshorn, Maren (1997). *Die Ursachen sexueller Gewalt.*
In: Amann, Gabriele; Wipplinger, Rudolf (Hrsg.). *Sexueller Missbrauch. Überblick zu Forschung, Beratung, Therapie. Ein Handbuch.* Tübingen: Dgvt-Verlag.

Bundeskriminalamt (2001). *Polizeiliche Kriminalstatistik 2000.* Wiesbaden.

Deegener, Günther (1998). *Kindesmißbrauch - erkennen, helfen, vorbeugen.* Weinheim und Basel: Beltz.

Degener, Theresia (2002). *Juristische Entwicklungsschritte – Vom Tabu zur sexuellen Selbstbestimmung für behinderte Menschen?* In: Praxis der Kinderpsychologie und Kinderpsychiatrie, 51. Jg. 2002, Heft 8. Göttingen: Verlag Vandenhoeck & Ruprecht. S. 598-609.

Deutscher Verein für öffentliche und private Fürsorge (Hrsg.) (1997). *Fachlexikon der sozialen Arbeit.* 4., vollst. überarb. Auflage. Stuttgart: Kohlhammer.

Ehrentreich, Barbara; Riedel-Breidenstein, Dagmar (1996). *Prävention von sexuellem Mißbrauch an Mädchen und Jungen im Spannungsfeld zwischen Theorie und Praxis.*
In: Hentschel, Gitti (Hrsg.). *Skandal und Alltag – Sexueller Missbrauch und Gegenstrategien.* Berlin: Orlanda. S. 79-92.

Enders, Ursula (Hrsg.) (2001). *Zart war ich, bitter war's. Handbuch gegen sexuellen Missbrauch.* Köln: Kiepenheuer & Witsch.

Esser, Lambert (1994). *Bedeutung und Möglichkeiten der Prävention und Fortbildung in Sonderkindergärten, Sonderschulen und Einrichtungen der Behindertenhilfe.* In: Weinwurm-Krause, Eva-Maria (Hrsg.). *Sexuelle Gewalt und Behinderung.* S. 75-91.

Fegert, Jörg M. (1993). *Sexuell mißbrauchte Kinder und das Recht. Band II. Ein Handbuch zu Fragen der kinder- und jugendpsychiatrischen und psychologischen Untersuchung und Begutachtung.* Köln: Volksblatt Verlag.

Fegert, Jörg M.; Berger, Christina; Klopfer, Uta; Lehmkuhl, Ulrike; Lehmkuhl, Gerd (2001). *Umgang mit sexuellem Missbrauch. Institutionelle und individuelle Reaktionen. Forschungsbericht.* Münster: Votum Verlag.

Fegert, Jörg M.; Müller, Claudia (Hrsg.) (2001). *Sexuelle Selbstbestimmung und sexuelle Gewalt bei Menschen mit geistiger Behinderung. Sexualpädagogische Konzepte und präventive Ansätze. Eine kommentierte Bibliographie / Mediographie.* Bonn: Mebes und Noack.

Finkelhor, David (1984). *Child Sexual Abuse. New Theory and Research.* New York: Free Press.

Gillissen, Brigitte (2000). *Dunkle Schatten! Sexueller Missbrauch.* In: Das Band, 31. Jg. Heft 2/ 2000. S. 6-8.

Gies, Hedi (1995). *Zur Prävention sexueller Gewalt. Strukturelle Grundlagen und pädagogische Handlungsmöglichkeiten.* Reihe Forschung & Lernen, Band 6. Berlin: Verlag für Wissenschaft und Bildung.

Hallstein, Monika (1993). *Sexueller Mißbrauch und geistige Behinderung. Einen Kontext für Veränderungen schaffen.* In: Voss, Anne; Hallstein, Monika (Hrsg.). *Menschen mit Behinderungen.* S. 29-45.

Hallstein, Monika (1996a*). Sexueller Mißbrauch – mehr als ein Übergriff.* In: Bundesvereinigung Lebenshilfe (Hrsg.). *Selbstbestimmung.* Marburg: Lebenshilfe-Verlag. S. 248-260.

Hallstein, Monika (1996b). *Mißbrauch bei Menschen mit geistiger Behinderung: Betrachtungen zu Wahrnehmung, Verarbeitung und Therapiemöglichkeiten.* In: Hentschel, Gitti (Hrsg.). *Skandal und Alltag – Sexueller Missbrauch und Gegenstrategien.* 1. Auflage. Berlin: Orlanda. S. 173-182.

Hartmann, Simone (2000). *Sexuelle Gewalt an Mädchen und Jungen, Frauen und Männern mit Behinderung – Eine alltägliche Realität.* Online im Internet: URL: http://www.behindertefrauen.org/archiv/info/arc11.html [Stand 03.02.2002].

Heinz-Grimm, Renate (1996). *Sexueller Mißbrauch geistig behinderter Menschen im Spannungsfeld des Strafrechts.* In: Walter, Joachim (Hrsg.). *Sexualität und geistige Behinderung.* S. 430-443.

Heinz-Grimm, Renate (1999). *Rechtliche Aspekte bei sexuellem Mißbrauch/ sexueller Gewalt bei Menschen mit geistiger Behinderung.* In: Seidel, Michael; Hennicke, Klaus (Hrsg.). *Gewalt im Leben von Menschen mit geistiger Behinderung.* Reutlingen: Diakonie-Verlag.

Hilgers, Andrea (1998). *Nein-Sagen reicht nicht aus. Zur Rolle der Sexualerziehung für die Prävention von sexuellem Mißbrauch.* In: Sozial extra, 22. Jg. Heft 12/1998. S. 11-12.

Hochheimer, Irmi (1998). *Sexueller Mißbrauch – Prävention im Kindergarten.* Freiburg: Herder.

Kerger, Carmen (2000). *Methoden und Materialien der schulischen Prävention sexuellen Missbrauchs.* In: prävention, 3. Jg. Heft 1/ 2000. S. 6-7.

Klein, Susanne/ Wawrok, Silke/ Fegert, Jörg M. (1999). *Menschen mit geistiger Behinderung als Opfer und Täter sexueller Gewalt.* In: Seidel, Michael; Hennicke, Klaus (Hrsg.). *Gewalt im Leben von Menschen mit geistiger Behinderung.* Reutlingen: Diakonie-Verlag. S. 241-264.

Knapp, Gabriele (1993). *Sexueller Mißbrauch an Mädchen und frühkindlicher Autismus.* In: Voss, Anne; Hallstein, Monika (Hrsg.). *Menschen mit Behinderungen.* S. 46-58.

Koschnik, Edda Mareike (2002). *„Ich sage NEIN!" Eine Unterrichtseinheit zur Prävention sexualisierter Gewalt an Kindern und Jugendlichen mit geistiger Behinderung.* In: Zeitschrift für Heilpädagogik, 9/ 2002. S. 383-390.

Kuhne, Tina; Mayer, Anneliese (1998). *„Kissenschlacht und Minigolf". Zur Arbeit mit Mädchen und jungen Frauen mit unterschiedlichen Behinderungen und Fähigkeiten.* Bifos-Schriftenreihe Band 8.

Kurzfassung des 3. Zwischenberichts des Forschungsprojektes „Zum Umgang mit Selbstbestimmung, Sexualität und sexualisierter Gewalt in Wohneinrichtungen für junge Menschen mit geistiger Behinderung", 2002. Kontakt: Universitätsklinikum Ulm, Klinik für Kinder- und Jugendpsychiatrie /Psychotherapie, Prof. Dr. med. Jörg M. Fegert, Steinhövelstr. 5, 89075 Ulm.

Lappe, K.; Schaffrin, I.; Timmermann, E. u.a. (1993). *Prävention von sexuellem Mißbrauch. Handbuch für die pädagogische Praxis.* Ruhnmark: Donna Vita.

Lercher, Lisa; Derler, Barbara; Höbel, Ulrike (1995). *Mißbrauch verhindern: Handbuch zu präventivem Handeln in der Schule.* Reihe Dokumentation, Band 11. Wien: Frauenverlag.

Luxen, Ulrike (1999). *Starke Mädchen – das sind wir! Beispiel für eine Selbsterfahrungs- und Präventionsgruppe zum sexuellen Missbrauch bei geistig behinderten Mädchen und jungen Frauen.* In: Psychosozial 22. Jg. Nr. 77, Heft 3/ 1999.

Marquardt, Claudia (1993). *Sexuell mißbrauchte Kinder und das Recht. Band I. Juristische Möglichkeiten zum Schutz sexuell mißbrauchter Mädchen und Jungen.* Köln: Volksblatt Verlag.

May, Angela; Remus, Norbert; Bundesarbeitsgemeinschaft Prävention & Prophylaxe e.V. (Hrsg.) (2000). *Sexualisierte Gewalt gegen Menschen mit Behinderungen.* Berlin: Verlag die Jonglerie Lüft KG.

Mayer, Anneliese (1998). *Verschwiegene Verletzungen. Sexuelle Gewalterlebnisse von Mädchen und Frauen mit Behinderung.* In: Kuhne, Tina; Mayer, Anneliese (Hrsg.). *Kissenschlacht und Minigolf.* S. 37-45.

Ministerium für Kultus, Jugend und Sport Baden-Württemberg (Hrsg.) (1999). *Sexueller Missbrauch an Mädchen und Jungen. Eine Handreichung zur Prävention und Intervention für Schulen.* Stuttgart.

Ministerium für Kultus, Jugend und Sport Baden-Württemberg (Hrsg.) (1983). *Bildungsplan der Schule für Geistigbehinderte (Sonderschule) von Baden-Württemberg.*

Mößner, Christian (2001). *Sexueller Missbrauch von Behinderten.* Report aus München vom 03.12.2001 im Bayrischen Rundfunk. Online im Internet: URL: http://www.br-online/politik/ard-report/2001/report_1203/missbrauch.html [Stand 05.03.2002].

Mühl, Heinz (1998). *Geistige Behinderung.* In: Bundesanstalt für Arbeit. *Berufliche Rehabilitation junger Menschen. Handbuch für Schule, Berufsberatung und Ausbildung.* Ausgabe 1998.
Online im Internet: URL: http://195.185.214.164/rehabuch/deutsch/p182.htm [Stand 27.12.2002].

Mummert, Horst (2000). *Sexueller Missbrauch – was tun?* In: Das Band 3/ 2000, S. 28-29.

Neldner, Sylvia (1993). *Sexuelle Gewalt an Menschen mit geistiger Behinderung.* In: Geistige Behinderung, Heft 3/ 1993, S. 248-253.

Neldner, Sylvia; Reitzer, Michaela (1993). *Dokumentation des Projektes „Prävention Sexuellen Mißbrauchs an Frauen und Mädchen mit geistiger Behinderung".* Bethel: von Bodelschwinghsche Anstalten.

Neumann, Cornelia (1997). *Sexualisierte Gewalt gegen Menschen mit geistigen Behinderungen. Eine Arbeitshilfe.* Lübeck: Vorwerker Heime – Diakonische Einrichtungen e.V.

Noack, Cornelia; Schmid, Hanna J. (1996a). *Sexuelle Gewalt gegen Menschen mit Behinderung. Eine verleugnete Realität. Ergebnisse und Fakten einer bundesweiten Befragung.* Stuttgart: Verband evangelischer Einrichtungen für Menschen mit geistiger und seelischer Behinderung e.V.

Noack, Cornelia; Schmid, Hanna (1996b). *Sexuelle Gewalt gegen Menschen mit Behinderung. Eine verleugnete Realität.* In: Walter, Joachim (Hrsg.). *Sexualität und geistige Behinderung.* S. 444-457.

Paul, Rainer (1999). *Schrille Fanfare. Wirbel um US-Studie zu sexuellem Missbrauch.* In: Der Spiegel, 02.07.1999, Heft 31. Online im Internet: URL: http://www.spiegel.de/spiegel/0,1518,33551,00.html [Stand 10.06.2002].

Pro Familia (1998). Broschüre: *Sexualität und geistige Behinderung*. Frankfurt a.M.: Pro Familia Bundesverband.

Rittmeyer, Christel (2001). *Zur Bedeutung von Selbstbestimmung in der Arbeit mit Menschen mit einer geistigen Behinderung*. In: Sonderpädagogik 31. Jg. 2001, Heft 3, S. 141-150.

Rockenberger, Sabine (1998). *Sexuelle Ausbeutung von Mädchen und Frauen mit Behinderung. Eine Studie von Erika Pircher und Aiha Zemp*. In: Kuhne, Tina; Mayer, Anneliese (Hrsg.). *Kissenschlacht und Minigolf*. S. 183-185.

Schenk, Wiltrud (1992). *Konkrete Hilfsmöglichkeiten und Krisenintervention bei Verdacht und Bekanntwerden des sexuellen Mißbrauchs*. In: Walter, Joachim (Hrsg.). *Sexueller Mißbrauch im Kindesalter*. 2. Auflage. Schriftenreihe der Gesellschaft für Sexualerziehung und Sexualmedizin Baden-Württemberg e.V.; Band 4. Heidelberg: Edition Schindele. S. 138-151.

Schuntermann, Dr. Michael F. *Behinderung nach ICF und SGB IX – Erläuterungen und Vergleich*. Online im Internet: URL: http://www.ifrr.vdr.de unter „ICIDH-2" [Stand 20.12.2001].

Schuntermann, PD Dr. Michael F. (27.02.2002). *Internationale Klassifikation der Funktionsfähigkeit, Behinderung und Gesundheit (ICF) der Weltgesundheitsorganisation (WHO). Einführung und Kurzfassung der ICF*.Online im Internet: URL: http://www.ifrr.vdr.de/internet/vdr/home.nsf/index.htm?OpenPage&content=http:// www.ifrr.vdr.de/ [Stand 20.03.2002].

Seligmann, Sylvia (1996). *Sexueller Mißbrauch von Kindern: Ansätze einer Prävention für die Sonderschulpädagogik*. Hamburg: Verlag Dr. Kovac.

Senn, Charlene (1993). *Gegen jedes Recht: Sexueller Mißbrauch und geistige Behinderung*. Berlin: Donna Vita.

Simone, Stephan (1993). *Zwei vor, eins zurück. Präventionsarbeit in der Grundschule*. In: Bange, Dirk u.a. *Nein ist Nein. Neue Ansätze in der Präventionsarbeit*. S. 39-50.

Specht, Ralf (2001*). Darf's ein bisschen mehr sein? Sexualpädagogik in der Arbeit mit behinderten Menschen. Ein Überblick*. In: BZgA Forum Sexualaufklärung und Familienplanung, Heft 2/3-2001. Köln: BZgA. S. 3-8.

Strohhalm e.V. (2001). *Auf dem Weg zur Prävention. Praxishandbuch zum Präventionsprogramm*. 2. überarbeitete Neuauflage. Berlin: Strohhalm e.V.

Von Weiler, Julia; Enders, Ursula (2001). *Das >perfekte< Verbrechen. Sexuelle Ausbeutung von Mädchen und Jungen mit Behinderungen*. In: Enders, Ursula (Hrsg.). *Zart war ich, bitter war's*. S. 125-128.

Voss, Anne; Hallstein, Monika (Hrsg.) (1993). *Menschen mit Behinderungen. Berichte, Erfahrungen, Ideen zur Präventionsarbeit*. Ruhnmark: Donna Vita, Schriftenreihe Sexueller Mißbrauch 5.

Walter, Joachim (1992). *Männliche Berater im Umgang mit sexuellem Mißbrauch*. In: Walter, Joachim (Hrsg.). *Sexueller Mißbrauch im Kindesalter*. 2.Auflage. Schriftenreihe der Gesellschaft für Sexualerziehung und Sexualmedizin Baden-Württemberg e.V.; Band 4. Heidelberg: Edition Schindele. S.195-200.

Walter, Joachim (Hrsg.) (1996). *Sexualität und geistige Behinderung*. 4. erw. Auflage. Schriftenreihe der Gesellschaft für Sexualerziehung und Sexualmedizin Baden-Württemberg e.V.; Band 1. Heidelberg: Edition Schindele.

Walter, Joachim (1996a). *Übergriffe auf die sexuelle Selbstbestimmung von Menschen mit geistiger Behinderung.* In: Walter, Joachim (Hrsg.). *Sexualität und geistige Behinderung.* S. 374-380.

Walter, Joachim (1996b). *Grundrecht auf Sexualität? Einführende Überlegungen zum Thema „Sexualität und geistige Behinderung".* In: Walter, Joachim (Hrsg.). *Sexualität und geistige Behinderung.* S. 29-37.

Warendorff, Monika (1999). *Sexueller Missbrauch an Menschen mit geistiger Behinderung.* In: prävention 2. Jg. Heft 1/ 1999. S. 8-16.

Weinwurm-Krause, Eva-Maria (Hrsg.) (1994). *Sexuelle Gewalt und Behinderung.* Hamburg: Verlag Dr. Kovac.

Weinwurm-Krause, Eva-Maria (1997). *Identitätsentwicklung unter erschwerten Bedingungen und ihre Auswirkungen auf sexuellen Missbrauch.* In: Behinderte in Familie, Schule, Gesellschaft. 20. Jg. Heft 3/ 1997. S. 45-51.

Will, Birgit (2001). *Liebe mit Hindernissen..* In: Süddeutsche Zeitung Nr. 267 vom 20. November 2001, S. 13.

Wipplinger, Rudolf; Amann, Gabriele (1997). *Zur Bedeutung der Bezeichnungen und Definitionen von sexuellem Mißbrauch.* In: Amann, Gabriele; Wipplinger, Rudolf (Hrsg.). *Sexueller Missbrauch. Überblick zu Forschung, Beratung, Therapie. Ein Handbuch.* Tübingen: Dgvt-Verlag.

Wölkerling, Udo (1999). *Beratung und Therapie nach sexuellem Missbrauch an Menschen mit geistiger Behinderung.*In: Seidel, Michael; Hennicke, Klaus (Hrsg.). *Gewalt im Leben von Menschen mit geistiger Behinderung.* Reutlingen: Diakonie-Verlag. S. 265-275.

Zemp, Aiha (1993). *Die psychischen Folgen sexueller Ausbeutung und die Notwendigkeit von Therapie.* In: Voss, Anne; Hallstein, Monika (Hrsg.). *Menschen mit Behinderungen.* S. 62-66.

Zemp, Aiha (1997a). *Tabuisierte Not – sexuelle Ausbeutung von Mädchen und Frauen mit Behinderung.* Zürich: Philosophische Fakultät der Universität Zürich.

Zemp, Aiha; Pircher, Erika; Schoibl, Heinz (1997b). *Sexualisierte Gewalt im behinderten Alltag. Jungen und Männer mit Behinderung als Opfer und Täter. Projektbericht.* Wien: Bundesministerium für Frauenangelegenheiten und Verbraucherschutz.

Zemp, Aiha; Pircher, Erika; Neubauer, Elfriede Ch. (1997c). *Sexuelle Ausbeutung von Mädchen und Frauen mit Behinderung.*In: Amann, Gabriele; Wipplinger, Rudolf (Hrsg.). *Sexueller Missbrauch. Überblick zu Forschung, Beratung, Therapie. Ein Handbuch.* Tübingen: Dgvt-Verlag.

Zima, Julia (31.08.1999). *Sexualität von Menschen mit geistiger Behinderung.* Online im Internet: URL: http://bidok.uibk.ac.at/texte/zima-dipl.html [Stand 20.03.2002].

Arbeitsmaterialien

Anatomische Puppen. Teach a Bodies. Familie (Frau, Mann, Junge, Mädchen, Fötus) zu beziehen über pädexpress, Donna Vita, Frohnhauser Weg 21, D-45472 Mülheim an der Ruhr.

Atze; Hoffmann, Klaus W. u.a. (o.J.). *Ich weiß, was ich will! Lieder vom Neinsagen, über Geheimnisse und das (Selbst-)Vertrauen.* Audio-CD, 48 Min.

Baum, Heike (1999). *Kleine Kinder – große Gefühle. Kinder entdecken spielerisch ihre Emotionen.* 2. Auflage. Freiburg: Herder.

Blattmann, Sonja; Mebes, Marion (2001). *KoPPishoPP – Ich bin doch keine Zuckermaus. Begleitmaterial.* Maasbüll: Mebes & Noack.

Blattmann, Sonja (1999). *Alarm! Alarm! Lieder für mutige Mädchen und Jungen... und alle, die es werden wollen.* Audio-CD, 45 Min. Ruhnmark: Donna Vita.

Braun, Gisela (1999). *Ich sag' Nein. Arbeitsmaterialien gegen sexuellen Missbrauch an Mädchen und Jungen.* Mülheim: Verlag an der Ruhr.

Böhmer, Annegret; Eggert, Marianne; Krüger, Angela (1995). *Fühlen – Wahrnehmen – Handeln. Materialien zur Prävention von sexuellem Mißbrauch.* Leipzig: Ernst Klett Grundschulverlag.

Bundesvereinigung Lebenshilfe e.V. (Hrsg.) (1999). *Sexualpädagogische Materialien für die Arbeit mit geistig behinderten Menschen.* 2. Auflage. Weinheim und Basel: Beltz.

Dittli, Daniela; Furrer, Hans (1994). *Freundschaft – Liebe – Sexualität. Grundlagen und Praxisbeispiele für die Arbeit mit geistig behinderten Frauen und Männern.* Luzern: Edition SzH.

Dixon, Malcolm; Smith, Karen (1998). *Ich...und mein Körper.* Arbeitsblätter. Mülheim: Verlag an der Ruhr.

Enders, Ursula; Wolters, Dorothee (1999). *Gefühle-Quartett. Pädagogisch-therapeutisches Spielmaterial.* Maasbüll: Mebes & Noack.

Finke, Regina (1998). *Weil ich nein sagen darf. Körper, Sexualität und Gefühle: Starke Kinder können sich besser schützen.* Freiburg: Christophorus.

Hochheimer, Irmi (1996). *Hexenzauber. Mutmachmärchen für Mädchen.* Maasbüll: Mebes & Noack.

Hoyler-Hermann, A.; Walter, Joachim (1994). *Sexualpädagogische Arbeitshilfe für geistig behinderte Erwachsene und ihre Bezugspersonen.* Heidelberg: Edition Schindele.

Kleinschmidt, Lothar (1994). *Lieben – kuscheln – schmusen: Hilfen für den Umgang mit kindlicher Sexualität.* Münster: Ökotopia-Verlag.

Koch, Helmut H.; Kruck, Marlene (1998). *„Gefühle sind wie Farben" – Prävention gegen sexuellen Missbrauch. Zu Aspekten der Gefühlsdifferenzierung – Versprachlichung von Gefühlen – Ich-stärkung. Ein Unterrichtsprojekt in der Grundschule.* 2. Auflage. Münster: Arbeitsgruppe Randgruppenkultur/ -literatur.

Koch, Helmut H.; Kruck, Marlene (2001). *„Ich werd's trotzdem weitersagen!"* Prävention gegen sexuellen Mißbrauch in der Schule (Klassen 1-10). Theorie, Praxisberichte, Literaturanalysen, Materialien. Münster: LIT.

Landesstelle Jugendschutz Niedersachsen (2000). *Wie andere auch: Materialien für die sexualpädagogische Arbeit mit Behinderten.* Hannover: Landesstelle Jugendschutz Niedersachsen.

May, Angela; Remus, Norbert (1998). *Sexuellen Mißbrauch verhindern. Neue Ideen – Methoden – Medien.* Berlin: Verlag die Jonglerie Lüft KG.

Mebes, Marion; Sandrock, Lydia (1998). *Kein Küsschen auf Kommando. Kein Anfassen auf Kommando.* Malbuch-Doppelband mit didaktischem Material. Maasbüll: Mebes & Noack.

Mimürfel. *Würfel mit Grundgefühlen für Kommunikations- und Aktionsspiele mit Kindern, Jugendlichen und Erwachsenen (mit Anleitung).* Ruhnmark: Donna Vita.

Moorcroft, Christine; Roberts, Chris (1998). *Ich werde erwachsen. Arbeitsblätter zur Sexualkunde.* Mülheim: Verlag an der Ruhr.

Oberlack, Susanne; Steuter, Ulla; Heinze, Helmut (1997). *Lisa und Dirk. Sie treffen sich, sie lieben sich.* Dortmund: Verlag Modernes Lernen.

Pur (1998). *Kinder sind Tabu.* Aus dem Album *„Mächtig viel Theater"* (CD). Intercord (EMI).

Reichling, Ursula; Wolters, Dorothee (1994). *Hallo, wie geht es Dir? Gefühle ausdrücken lernen* (Spiel). Mülheim: Verlag an der Ruhr.

Sanders; Swinden (1992). *Lieben, Lernen, Lachen. Ein lebendiges Buch zur Sexualerziehung.* Mülheim: Verlag an der Ruhr.

Schneider, Monika; Schneider, Ralph; Wolters, Dorothee (1994). *Bewegen und Entspannen nach Musik. Mit Anleitungsbuch und Kassette.* Mülheim: Verlag an der Ruhr.

Seifert, Sabine (1997). *Kleine Mädchen – starke Mädchen. Spiele und Phantasiereisen, die mutig und selbstbewusst machen.* München: Kösel.

Sielert, U.; Keil, S. (1993). *Sexualpädagogische Materialien für die Jugendarbeit in Freizeit und Schule.* Weinheim: Beltz.

Weinwurm-Krause, Eva-Maria (1995). *Sexualerziehung in der Sonderschule.* Hamburg: Verlag Dr. Kovac.

Windisch, Almuth (2000). *Geschlechtserziehung in der Grundschule.* Leipzig: Ernst Klett Grundschulverlag.

Kinderbücher

Aliki, R. (1987). *Gefühle sind wie Farben.* Weinheim: Beltz & Gelberg.

Blattmann, Sonja; Hansen, Gesine (1994). *Ich bin doch keine Zuckermaus. Neinsagegeschichten und Lieder.* Buch mit CD. Maasbüll: Mebes & Noack.

Braun, Gisela (1991). *Das große und das kleine NEIN.* Mülheim: Verlag an der Ruhr.

Braun, Gisela; Wolters, Dorothee (1994). *Melanie und Tante Knuddel.* Mülheim: Verlag an der Ruhr.

Eipper, Sabine; Hille, Pia; Dannenberg, Ursula (o.J.). *Rasmus Rabe ermittelt: Was passiert eigentlich vor Gericht? Eine Spiel- und Lernbroschüre für Kinder.* Raisdorf: Rathmann.

Enders, Ursula; Wolters, Dorothee (1991). *Schön blöd.* Weinheim: Anrich.

Fagerström, G.; Hansson, G. (1992). *Peter, Ida und Minimum.* Ravensburg: Otto Maier.

Härdin, S. (1995). *Wo kommst du her? Aufklärungsbuch von Pro Familia.* Bindlach: Loewe.

Kreul, Holde (1996). *Ich und meine Gefühle.* Bindlach: Loewe.

Manske, Christa; Löffel, Heike (2000). *Ein Dino zeigt Gefühle (Bilderbuch mit Ratgeber).* Maasbüll: Mebes & Noack.

Müller, Jörg; Geisler, Dagmar (2001). *Ganz schön aufgeklärt!* Bindlach: Loewe.

Nelson, Mandy ; Hessel, Jenny (1993). *Gut, daß ich es gesagt habe...* München: Ellermann.

Pro Familia (Hrsg.) (1998). *Mein Körper gehört mir!* 5. Auflage. Bindlach: Loewe.

Pressler, Mirjam (1996). *Nora ist mal so, mal so.* Frankfurt: Alibaba.

Sauvant, Henriette; Brüder Grimm (1997). *Allerleirauh. Märchen.* Nord-Süd-Verlag.

Schneider, B.; Rieger, S. (1995). *Woher die kleinen Kinder kommen.* Ravensburg: Otto Maier.

Schneider, Sylvia; Suetens, Clara (2000). *Wo kommt unser Baby her? Erste Fragen übers Liebhaben und Kinderkriegen.* Würzburg: Edition Bücherbär/ Arena.

Trost, G.; Lange, C. (1992). *Wen, Do und der Dieb.* Maasbüll: Mebes & Noack.

Wachter, Oralee (1993). *Heimlich ist mir unheimlich.* Maasbüll: Mebes & Noack.

8 Anhang

Erste Einheit: Dein Körper gehört Dir!

Zeit	Was?	Methode	Ziel	Material
10 Min	Vorstellungsrunde, in der jede(r) sagt, was er/sie gerne mag und nicht gerne mag.	Gespräch im Stuhlkreis	Einander kennen lernen, langsamer Einstieg	-
20 Min	Wahrnehmungsübung: Jedes Kind hält die Hände nach hinten, bekommt einen Gegenstand und soll diesen ertasten und beschreiben.	Tast-Kim	Wahrnehmungsförderung; Anfangsritual	Fühlkasten mit diversen Gegenständen (Watte, Massageigel, Tannenzapfen, Stein, Eiswürfel, Knete, Wärmekissen, Feder, Holzstück, Glasmurmel, usw.)
30 Min	Das Buch „Mein Körper gehört mir" wird den SchülerInnen gezeigt, vorgelesen und mit ihnen besprochen. Auch eigene Erfahrungen sollen einbezogen werden.	Vorleserunde	Grundlegende Einführung in das Thema dieser Präventionseinheiten.	Buch: „Mein Körper gehört mir"
20 Min	Kopien aus dem gerade vorgestellten Buch werden nach angenehmen und unangenehmen Gefühlen sortiert und auf eine rotes und grünes Plakat geklebt.	Collage	Angenehme und unangenehme Berührungen unterscheiden.	Kopien aus dem Buch „Mein Körper gehört mir"; rotes und grünes Plakat; Klebstoff
10 Min	Jedes Kind erhält ein Schatzkistchen, in das jedes Mal ein Gegenstand hineinkommt, der zum Thema passt. Dieses Mal eine kleine rote Papphand.	Symbolisierung	Am Ende des Projekts haben die Kinder ein Sammelsurium mit Sachen, die sie an das Projekt erinnern.	Für jede(n) SchülerIn ein Schatzkistchen; eine kleine rote Papphand

Zweite Einheit: Gefühle

Zeit	Was?	Methode	Ziel	Material
15 Min	Wahrnehmungsübung mit Fühlkasten	Tast-Kim	Wahrnehmungsförderung; Anfangsritual	Fühlkasten mit Gegenständen
10 Min	Buch „Mein Körper gehört mir" noch mal zeigen und nach Erinnerungen fragen.	Wiederholung	Vertiefung der letzten Einheit	Buch: „Mein Körper gehört mir"
20 Min	Jede(r) SchülerIn erhält rote und grüne Klammern, die er/ sie an verschiedenen Körperteilen befestigen soll. Rote Klammern für „Nicht berühren!" und grüne Klammern für „Hier werde ich gerne berührt".	Selbsterfahrung	Vertiefung des Themas „Es gibt angenehme und unangenehme Berührungen" Bewusstmachen von Körperteilen, die nicht von jedem/r berührt werden dürfen.	Rote und grüne Wäscheklammern
25 Min	Zunächst wird besprochen, was Gefühle sind. Dann erhält jedes Kind ein Gefühlsbild und stellt dieses Gefühl den anderen dar. Diese sollen es erraten und bestimmen, ob es ein gutes oder ein schlechtes Gefühl ist.	Mimik- und Gestikspiel	Einführung in das Thema „Gefühle". Sich in Gefühle hineinversetzen, um diese dar zu stellen.	Gefühlsbilder
15 Min	Die Gefühlsbilder werden auf ein rotes Plakat für schlechte Gefühle und ein grünes Plakat für gute Gefühle geklebt.	Gefühlscollage	Es gibt gute und schlechte Gefühle. Verknüpfung: Unangenehme Berührungen machen schlechte Gefühle.	Kopien von Gefühlsbildern; rotes und grünes Plakat; Klebstoff
5 Min	Alle SchülerInnen erhalten ein Gesicht mit einer fröhlichen und einer traurigen Seite für ihr Schatzkistchen.	Symbolisierung	Erinnerung daran, dass es gute und schlechte Gefühle gibt.	Pappgesichter mit einer fröhlichen und einer traurigen Seite

Dritte Einheit: Das Recht, NEIN zu sagen

Zeit	Was?	Methode	Ziel	Material
15 Min	Wahrnehmungsübung mit dem Fühlkasten, Gefühlsbarometer aktualisieren	Tast-Kim	Wahrnehmungsförderung; Anfangsritual	Fühlkasten mit diversen Gegenständen
15 Min	Wiederholung des Ratespiels vom letzten Mal: jede(r) bekommt ein Gefühlsbild und stellt dieses den anderen pantomimisch vor, damit diese es erraten können.	Rollenspiel	Vertiefung des Themas „Gefühle"	Gefühlsbildkarten
10 Min	Den SchülerInnen wird ein Gefühlsbarometer vorgestellt. Sie sollen Wäscheklammern mit ihrem Namen beschriften und die Klammer je nach Stimmungslage an dem Barometer befestigen. Im Klassenzimmer aufhängen.	Gefühlsbarometer	Auch andere haben Gefühle und diese können sich immer wieder ändern.	Vorgefertigtes Gefühlsbarometer; Wäscheklammern; Stifte; Pins
20 Min	Das „Lied vom NEIN-sagen" wird vorgestellt mit dazu passenden Bewegungen. Die ersten beiden Strophen werden gelernt und geübt.	Singspiel	Man darf NEIN sagen!	Gitarre; Liedtext
25 Min	Wie kann man noch NEIN sagen? Es werden verschiedene Möglichkeiten ausprobiert.	Rollenspiel	Wann und wie darf man NEIN sagen.	Ideen zum NEIN-sagen.
5 Min	Die SchülerInnen erhalten einen kleinen Löwen für ihr Schatzkistchen.	Symbolisierung	Die SchülerInnen sollen damit daran erinnert werden, dass sie stark wie ein Löwe sind und sich wehren können.	Kleine Löwen aus Plastik o.ä.

Vierte Einheit: Geheimnisse

Zeit	Was?	Methode	Ziel	Material
15 Min	Wahrnehmungsübung mit dem Fühlkasten; Gefühlsbarometer aktualisieren	Tast-Kim	Wahrnehmungsförderung; Anfangsritual	Fühlkasten mit entsprechendem Inhalt
20 Min	Das Lied vom „NEIN-sagen" wird mit den Bewegungen wiederholt und die letzten beiden Strophen dazu gelernt.	Singspiel	Vertiefung. Besonderen Wert wird auf das Thema „Bestechung" und Geheimnisse in der dritten Strophe gelegt.	Gitarre; Liedtext
25 Min	Es werden verschiedene Berührungen gezeigt und dann das Spiel „Die Burg" gespielt. Dabei wird von der Spielleiterin das Thema „Geheimnisse" und Erpressung eingeführt.	Spiel „Die Burg"	Unterscheiden lernen, welche Berührung einem angenehm und welche unangenehm ist. Grenzen von anderen akzeptieren.	Spielanleitung
30 Min	Im Stuhlkreis wird zunächst besprochen, was es für Geheimnisse gibt. Anschließend bastelt jedes Kind sich ein Geheimnistagebuch.	Basteln	Geheimnisse sind nicht immer schön. Manchmal sind Geheimnisse nicht mehr so bedrückend, wenn ich sie aufschreibe.	Tonpapier DIN A5; weißes Papier DIN A 5; großer Tacker oder Faden; Stifte
5 Min	Am Ende bekommen die SchülerInnen einen Geheimnisstein für ihr Schatzkistchen.	Symbolisierung	Bewusstsein darüber, dass man manche großen Geheimnisse auch weiter erzählen darf/muss.	schöne Steine

Fünfte Einheit: Hilfe holen

Zeit	Was?	Methode	Ziel	Material
15 Min	Wahrnehmungsübung mit dem Fühlkasten, Gefühlsbarometer aktualisieren	Tast-Kim	Wahrnehmungsförderung; Anfangsritual	Fühlkasten mit entsprechendem Inhalt
10 Min	Das Lied vom „NEIN-sagen" singen	Singspiel	Vertiefung	Gitarre; Liedtext
10 Min	Das Buch „Kein Anfassen auf Kommando" wird den SchülerInnen vorgestellt. Es wird besonders Wert gelegt auf das Thema „Hilfe holen, wenn jemand nicht auf mein NEIN hört"	Buch vorlesen	Nicht immer wird ein NEIN akzeptiert und dann muss man sich eventuell Hilfe holen.	Buch „Kein Anfassen auf Kommando"
30 Min	Die SchülerInnen sollen verschiedene Situationen nachspielen, in denen sie Hilfe brauchen.	Rollenspiel	Es soll aktiv geübt werden, sich Hilfe zu holen. Dabei werden auch Missbrauchssituationen angesprochen.	Beispielsituationen, in denen Kinder Hilfe brauchen.
20 Min	Es wird die Aufgabe gestellt, ein Hilfeblatt herzustellen. Auf ein Blatt Papier sollen die SchülerInnen Personen malen, schreiben etc., die ihnen in brenzligen Situationen helfen sollen. Es wird darauf hin gewiesen, dass dies sowohl Personen aus der Schule, von Zuhause oder dem Freizeitbereich sein sollten.	Hilfeblatt erstellen	Die SchülerInnen sollen sich bewusst überlegen, wer ihnen tatsächlich helfen kann.	Papier; Stifte
5 Min	Jedes Kind legt seinen eigenen Hilfezettel in sein Schatzkistchen zu den anderen Gegenständen.	Symbolisierung	Im Notfall sollen die SchülerInnen wissen, wer ihnen helfen kann.	-

Sechste Einheit: Was haben wir gelernt?

Zeit	Was?	Methode	Ziel	Material
15 Min	Wahrnehmungsübung mit dem Fühlkasten; Gefühlsbarometer aktualisieren	Tast-Kim	Wahrnehmungsförderung; Anfangsritual	Fühlkasten mit entsprechenden Gegenständen
20 Min	Das Lied vom „NEIN-sagen" singen	Singspiel	Wiederholung	Liedtext, Gitarre
5 Min	Jede(r) SchülerIn holt ihr Schatzkistchen.		Erinnerung; die Symbole werden noch mal mit bestimmten Verhaltensweisen verknüpft	Schatzkistchen der Kinder
40 Min	Das Buch „Mein Körper gehört mir" wird noch mal angeschaut. Je nach Situation wird nach Verhaltensweisen gefragt: z.B. ob Clara Berührungen mag oder nicht mag; ob sie sich gut oder schlecht fühlt; wie sie sich wehren kann; was sie tun kann, wenn jemand nicht auf ihr NEIN hört • Wäscheklammer-Spiel wiederholen • Hilfezettel besprechen	Buch anschauen und mit Symbolen aus Schatzkistchen verbinden.	Lernzielkontrolle Wiederholung und damit auch Vertiefung des Themas. Zusammenführung der einzelnen Bausteine.	Buch: „Mein Körper gehört mir"; Schatzkistchen mit Gegenständen; rote und grüne Wäscheklammern;
10 Min	Verabschiedung. Jede(r) darf sein/ihr Schatzkistchen jetzt mit nach Hause nehmen. Im Stuhlkreis wird besprochen, was den SchülerInnen gefallen hat und was nicht.	Abschied Feedback	Thema wird in Form des Schatzkistchens mit nach Hause genommen ↳ Symbolisierung	Schatzkistchen

Kinder sind tabu
PUR

Solche Bilder hab' ich noch nie geseh'n. Solche Bilder will ich auch nie mehr seh'n
Mitleid und Abscheu. Mir war nur noch schlecht

Dass es so was gibt, hab' ich wohl gewusst Sie verstecken es hinter perverser "Lust"
Doch die nackte Gewalt ist das Mittel und der Zweck

Die jungen Opfer sind zerbrechliche Wesen sind hilflos, sie haben nichts getan
Opfer, die man leicht beeinflussen kann

Sie sind völlig schutzlos, ausgeliefert. Angst, die sie gefügig macht
Bedroht und eingeschüchtert. Nein - Verbrechen ist kein Spaß
Und Liebe ist kein Hass.

Kinder sind tabu, Kinder sind tabu
Lasst die kleinen Menschen in Ruhe
Ihr Leben verstehen - ohne Angst und Gewalt
Sich wachsen seh'n - Kinder sind tabu

Das ist kein Kavaliers- kein Sexualdelikt Sie machen Geld damit - sogar im Internet
Kinder werden videogerecht gequält

Das ist nicht weit weg, das ist unter uns. Diese "Zärtlichkeit" ist Folterkunst
jedes Schuld- und Mitgefühl krank – fremd

Wenn ich als Vater an die Opfer denke, mir das Mitleid für die Täter fehlt
dann geb' ich zu, ich will's nicht versteh'n

Wie man einem schwachen kleinen Mann, einer kleinen Frau so was antun kann
Jeder ist mir zuwider, der Kinder so benutzt. Sie brauchen unseren Schutz

Kinder sind tabu, Kinder sind tabu
Lasst die kleinen Menschen in Ruhe
Ihr Leben verstehen - ohne Angst und Gewalt
Sich wachsen seh'n - Kinder sind tabu

Wenn der "nette Herr" dort in der Nachbarschaft
sich an kleinen Jungs zu schaffen macht,
ist der Schaden groß, doch die Strafe klein:
das wird schon nicht so schlimm gewesen sein

Wenn der "gute Onkel" der den Kitzel vermisst zu ganz kleinen Mädchen ganz "lieb" ist
Dann reicht es, wir drücken kein Auge mehr zu.
Fasst sie nicht an, lasst sie endlich in Ruh'.

Denn Kinder sind tabu

Lasst die kleinen Menschen in Ruhe
Ihr Leben verstehen - ohne Angst und Gewalt
Sich wachsen seh'n – Kinder sind tabu
Kinder sind tabu, Kinder sind tabu
Kinder sind tabu, tabu!

(Aus dem Album „Mächtig viel Theater")

Das Lied vom NEIN-Sagen

(nach der Melodie: „Der Cowboy Jim aus Texas")

Will einer mich anfassen und ich sag er soll's lassen,
ja wenn er dann nicht hört, dann bin ich ganz empört.

Refrain:

Ich ruf NEIN! Lass das sein! Ich ruf NEIN! NEIN! NEIN! NEIN! NEIN!

Will einer mit mir schmusen und ich kann's nicht verknusen,
dann behalt ich's nicht für mich und schreie fürchterlich.

Refrain:

Ich ruf NEIN! ...

Will einer mich bestechen, ich dürft nicht drüber sprechen,
dann bin ich nicht mehr heiter, erzähl es trotzdem weiter.

Refrain:

Ich ruf NEIN! ...

Will einer mich mal küssen, und ich will davon nichts wissen,
behalt ich's nicht für mich und schreie fürchterlich.

Refrain:

Ich ruf NEIN!

Kreisspiel: „Die Burg"

Eine kleine Kindergruppe spielt eine Burg (Die Kinder fassen sich an den Händen und bilden einen Kreis). Zwei oder drei andere Kinder wollen in die Burg (in den Kreis) eingelassen werden. Es gibt aber einen Zaubertürgriff. Der muss gesucht werden, indem die außenstehenden Kinder die im Kreis auf unterschiedliche Weise berühren (z.B. streicheln, zwicken, stupsen, küssen, u.ä.).

Ist die Berührung unangenehm, sagt das betreffende Kind:
„Nein, nein, nein,
so lass ich Dich nicht ein!"
Der Kreis bleibt geschlossen.

War die Berührung angenehm, ist die Antwort:
„Das war fein,
Du darfst rein!"
Der Kreis öffnet sich und die beiden Kinder tauschen die Plätze und die Aufgaben.

(Idee und Text aus: Braun 1989, S. 43)

Bastelanleitung: Geheimnisbuch

Material für ein Buch:

- 20 weiße Blätter DIN A 5
- ein bunter Fotokarton DIN A 5
- ein großer Tacker oder bunter Faden
- Stifte

Zunächst werden die DIN A 5 - Blätter und der Fotokarton in der Mitte gefaltet, sodass ein DIN A 6 - Format entsteht. Dann wird das weiße Papier in die Mitte des Fotokartons hineingelegt.

Um das Buch zu binden, kann man entweder mit einem großen Tacker die Mitte zusammenklammern oder eine bunten Faden um die Mitte des Buches binden, welcher das Buch aber nicht ganz so stabil macht.

Schließlich kann noch der Umschlag bemalt werden.

Beispiele für gute und schlechte Geheimnisse

Gute Geheimnisse:

+ Du hast deiner Mutter ein Geschenk gebastelt, aber sie hat erst in ein paar Tagen Geburtstag.

+ Ein Freund von dir denkt sich für einen anderen Freund einen lustigen Streich aus

+ Du malst ein Bild für Papa. Es soll ein Weihnachtsgeschenk werden und du erzählst niemandem davon.

+ Ihr sitzt zusammen und überlegt, was ihr eurer Lehrerin zur Hochzeit schenken wollt. Sie kommt dazu und fragt: „Was flüstert ihr da?" und ihr sagt „Das ist ein Geheimnis!"

+ Mama ist einige Tage verreist. Papa und du, ihr macht die Wohnung blitzsauber und stellt Blumen hin. Papa meint, du sollst Mama nichts davon am Telefon sagen, damit sie überrascht wird, wenn sie wieder kommt. Ihr freut euch beider schon auf Mamas Gesicht, wenn sie sieht, was ihr geschafft habt.

+ Deine Freundin erzählt dir von einem Jungen, den sie sehr mag. Sie bittet dich aber, niemandem davon zu erzählen.

+ Ein Junge hat hinter den Hecken im Schulhof ein Versteck. Wenn er allein sein möchte, zieht er sich hierher zurück. Niemand kennt das Versteck.

Schlechte Geheimnisse:

- Deine Freundin hat in die Hose gemacht und will es niemandem erzählen.

- Ein Kind nimmt dir dein Lieblingsspielzeug weg und sagt, dass du nichts sagen darfst, sonst kriegst du Schläge. Du bist sehr traurig und fürchtest dich.

- Ein freundlicher Mann möchte dich streicheln. Dafür verspricht er dir ein Eis. Du darfst aber niemandem davon erzählen.
- Ein großer Junge hat einen kleinen Jungen auf dem Pausenhof geschlagen. Du hast es gesehen. Er sagt: „Wenn du es weitersagst, bekommst du auch Schläge!"
- Ein Erwachsener, den du gut kennst, will dich küssen und streicheln, obwohl du es nicht willst. Er sagt, du darfst niemandem davon erzählen, es sei ein Geheimnis, aber du hast Angst, dass er es noch mal macht.
- Ihr dürft keine Knallpistolen in der Schule dabei haben, aber ein Freund zeigt dir seine heimlich auf dem Schulhof. Er bittet dich, nichts weiterzusagen, weil es euer Geheimnis ist.

Beispielsituationen, in denen Kinder Hilfe brauchen

- Wenn du dich verletzt hast.
- Wenn du einen Luftballon aufblasen willst, es aber nicht selbst kannst.
- Wenn du ganz traurig bist.
- Wenn du etwas ganz schweres die Treppe hoch tragen musst.
- Wenn du ein schlechtes Geheimnis hast.
- Wenn du im Pausenhof von einem Klassenkameraden verprügelt wirst und er nicht aufhört, obwohl du es ihm sagst.
- Wenn du nach Hause kommst, niemand da ist und du keinen Schlüssel hast.
- Wenn dir jemand im Bus dein Taschengeld klaut.
- Wenn du dir den Penis von einem Mann angucken musst, obwohl du es nicht möchtest.
- Wenn du Angst vor einem Erwachsenen hast, den du eigentlich gerne magst.